Prinz Louis Ferdinand von Preußen

und

das Gefecht bei Saalfeld am 10. Oktober 1806

Saalfeld 1996

INHALT

Statt eines Geleitworts:	Prinz Louis Ferdinand von Preußen und das Gefecht bei Saalfeld - ein unerschöpfliches Thema seit fast 200 Jahren	Seite 3
H. Bärnighausen	Das Gefecht bei Saalfeld am 10. Oktober 1806 in den Berichten zweier Offiziere aus dem Jahr 1807: die Texte und ihre Verfasser	Seite 5

Historische Texte

Georg Wilhelm v. Valentini	Das Gefecht bei Saalfeld an der Saale (Königsberg 1807)	Seite 9
Carl von Müffling	Bericht über das Gefecht bei Saalfeld am 10. Oktober 1806 (Dresden 1807)	Seite 22
Worterklärungen zu den historischen Texten		Seite 31
H. Bärnighausen, A. Teltow	Die Denkmäler für den Prinzen Louis Ferdinand von Preußen in Wöhlsdorf bei Saalfeld	Seite 32

ISBN 3-9804772-1-5

Statt eines Geleitwortes:

PRINZ LOUIS FERDINAND VON PREUSSEN UND DAS GEFECHT BEI SAALFELD
– EIN UNERSCHÖPFLICHES THEMA SEIT FAST 200 JAHREN –

Vor 190 Jahren - am 10. Oktober 1806 - wurde bei Saalfeld jenes denkwürdige Gefecht geschlagen, das die 1806 über Preußen hereinbrechende Katastrophe einleitete: Prinz Louis Ferdinand von Preußen, Kommandeur der Vorhut der vom Fürsten Hohenlohe befehligten preußischen Armee, hatte sich entschlossen, den von Gräfenthal her auf Saalfeld vorrückenden Truppen des linken Flügels der französischen Armee entgegenzutreten, erlitt eine vernichtende Niederlage und fand selbst den Tod. Wenige Tage später, am 14. Oktober 1806, zerschlugen die Armeen Napoleons bei Jena und Auerstedt die preußische Hauptarmee.

Die Geschichte schafft ebenso einfache wie merkwürdige Konstellationen: Aus Orten werden „Ereignisorte", mit denen sich die Namen der in die Ereignisse verflochtenen Persönlichkeiten untrennbar verbinden. Eine solche Verbindung existiert als Ergebnis des 10. Oktober 1806 zwischen der Stadt Saalfeld und dem Prinzen Louis Ferdinand von Preußen. Unwichtig, daß der Prinz bis zum 10. Oktober 1806 Saalfeld nicht kannte und trotz seiner Stellung als Militär kaum eine Vorstellung vom umliegenden Terrain hatte. Hier ist er gefallen. Hier hat man ihm Denkmäler errichtet. Der Tod eines seinen Zeitgenossen und der Nachwelt so wesentlichen Menschen an diesem Ort schuf Identifikationsmöglichkeiten: Den Verehrern des Prinzen wurde eine würdige Pilgerstätte zuteil; die Stadt Saalfeld fand sich im Gedenken an den 10. Oktober 1806 einen Augenblick lang im Hauch der Weltgeschichte wieder, konnte ihren Namen auch mit dem einer der faszinierendsten Persönlichkeiten des Napoleonischen Zeitalters verbinden.

So nimmt die Erinnerung an die Ereignisse von 1806 in der regionalgeschichtlichen Tradition Saalfelds einen wichtigen Platz ein. Immer wieder haben sich Saalfelder Regionalhistoriker und auswärtige Autoren für das Gefecht vom 10. Oktober 1806, die Persönlichkeit des Prinzen Louis Ferdinand und die beiden dem Andenken des Prinzen in Wöhlsdorf bei Saalfeld gesetzten Denkmäler interessiert, so daß im folgenden nur die bemerkenswertesten Arbeiten genannt werden können: 1816, als abzusehen war, daß der Krieg sein Ende gefunden hatte, faßte Christian Wagner, Lehrer in Saalfeld, die „Saalfelder Kriegsdrangsale seit 1792 bis 1815" zusammen. „Wagners Chronik der Stadt Saalfeld ... fortgesetzt von Dr. Ludwig Grobe" berichtete 1867 von den Ereignissen des Jahres 1806 in einem längeren Abschnitt. Der in Rudolstadt stationierte Offizier Alwin Thümmel widmete 1882 in seiner Schrift „Kriegstage aus Saalfelds Vergangenheit" dem Gefecht von 1806 breiten Raum. Zum 90. Jahrestag des Gefechts verfaßte Bruno Emil König 1896 eine Schrift über „Die Schreckenstage von Saalfeld a.S. und der Heldentod des Prinzen Ludwig Ferdinand von Preußen". 1902 stellte ein anonymer Autor in den „Saalfischen", Beilage zum Saalfelder Kreisblatt, eine kurz darauf vom Saalfelder Museum erworbene historische Broschüre über das Gefecht vor, die schon 1807 gedruckt worden war. Im „Saalfelder Weihnachtsbüchlein" von 1905 nahm M. Roth aus Anlaß des bevorstehenden 100. Jahrestages des Gefechts das Thema wieder auf: „Vor hundert Jahren: Weiteres aus den Oktobertagen des Jahres 1806 und kurze Darstellung des Gefechts bei Saalfeld." Natürlich wurde die 1906 ausgerichtete „Hundertjährige Gedenk-Feier an der Todesstätte des Prinzen Louis Ferdinand" in einer Broschüre für die Nachwelt festgehalten. Die „Saalfische" brachten 1912 (Nr. 21) einen von Valentin Hopf angeregten Abdruck der Erinnerungen der Hofdame Amalie v. Uttenhoven an die Oktobertage von 1806. Nachdem Hopf in seiner Chronik „Die Stadt Saalfeld mit ihrer weiteren Umgebung im 19. Jahrhundert" (1913-14 und 1925) ausführlich auf die Ereignisse von 1806 eingegangen war, gab er aus Anlaß des 125. Todestages Louis Ferdinands in den „Saalfischen" von 1931 (Nr. 41) eine kompakte und detailreiche Zusammenfassung zum Thema. 1929 hatte Hopf im Saalfelder Museumsführer das Thema allgemein und bezüglich der ausgestellten Objekte abgehandelt. Anläßlich des 130. Todestages des Prinzen veröffentlichte Hans Rutz im Oktober 1936 zwei Artikel im „Thüringer Land". Für die „Ahnentafeln berühmter Deutscher" (5. Folge, Leipzig 1939) legte Georg Schmidt eine ausführliche Ahnen- und Nachfahrentafel des Prinzen vor. In der „Saalfelder Heimat" vom Oktober 1956 fanden sich 5 Autoren zu einer Würdigung verschiedener Aspekte des Ereignisses zusammen: Die Persönlichkeit des Prinzen Louis Ferdinand, Erinnerungsstücke im Saalfelder Museum, die Denkmäler in Wöhlsdorf, das Gefecht an sich und die Bedeutung Louis Ferdinands als Musiker und Komponist waren Gegenstand dieses Heftes. In den Rudolstädter Heimatheften von 1981/85 verwies Hans-Joachim Barth auf die Denkmäler in Wöhlsdorf und ihre Pflege. Zuletzt hat Peter Rudolf Meinfelder im „Saalfelder Weihnachtsbüchlein" von 1991 aus Anlaß des 180. Jahrestages der Überführung des Leichnams des Prinzen aus Saalfeld nach Berlin „Prinz Louis Ferdinand von Preußen und das Gefecht von Saalfeld im Jahre 1806" behandelt.

Wenn 190 Jahre nach dem Gefecht vom 10. Oktober 1806 wieder publizistisch an dieses Ereignis und den Prinzen Louis Ferdinand von Preußen erinnert wird, geschieht dies mit dem Vorsatz, keine Allgemeinheiten und Wiederholungen zu bringen, sondern bisher unbekanntes oder wenig beachtetes Material zu publizieren. Veröffentlicht werden die beiden „klassischen" Texte zum Gefecht bei Saalfeld, 1807 von zwei an den Kampfhandlungen beteiligten preußischen Offizieren, Georg Wilhelm von Valentini und Carl von Müffling, verfaßt. In Saalfeld waren beide Broschüren bisher, sofern sie überhaupt bemerkt wurden, nur durch kurze Zusammenfassungen oder gelegentliche Zitate in der älteren regionalgeschichtlichen Literatur bekannt. Die Originale selbst hatte man aus dem Auge verloren. Da beide Schriften nach 1807 nicht wieder gedruckt worden sind, demzufolge heute als Raritäten gehandelt werden, soll ihr Abdruck in diesem Heft sie der Regionalgeschichte sowie der militärgeschichtlichen und biographischen Forschung wieder zugänglich machen. Publiziert wird auch die Entstehungsgeschichte der beiden dem Prinzen in Wöhlsdorf errichteten Denkmäler. Da hierzu erstmals die im Geheimen Staatsarchiv Preußischer Kulturbesitz in Berlin befindlichen Archivalien gesichtet und ausgewertet wurden, auch die im Berliner Kupferstichkabinett zum großen Saalfelder Denkmal vorhandenen Blätter hinzugezogen werden konnten, bringt die vorliegende Publikation vielfältiges neues Material.

Die beste Gewähr zum Verständnis und zur Bewältigung von Geschichte bietet noch immer deren möglichst konkrete Kenntnis. Nicht zuletzt deshalb enthält dieses Heft nicht eine neue, eigens zum 190. Jahrestag des Ereignisses von 1806 verfaßte Version des historischen Geschehens, sondern vor allem die Bearbeitung bisher nur wenig oder überhaupt nicht beachteter historischer Quellen. So soll 1996 in Saalfeld das Gedenken an den 10. Oktober 1806 mehr als nur eine Übung in Traditionsbewußtsein oder Erinnerung an altbekannte und scheinbar längst bewältigte Ereignisse sein, vielmehr dazu beitragen, etwas mehr Klarheit über die Saalfelder Ereignisse von 1806 und die Entstehung der Denkmäler in Wöhlsdorf zu gewinnen.　　H.B.

Hendrik Bärnighausen

DAS GEFECHT BEI SAALFELD AM 10. OKTOBER 1806 IN DEN BERICHTEN ZWEIER OFFIZIERE AUS DEM JAHR 1807: DIE TEXTE UND IHRE VERFASSER

Das Gefecht bei Saalfeld am 10. Oktober 1806 und der Tod des Prinzen Louis Ferdinand von Preußen hinterließen bei den Zeitgenossen einen tiefen Eindruck, der jedoch schnell von der Tragweite der nur wenige Tage später stattfindenden Schlacht bei Jena und Auerstedt überschattet wurde. Um so wichtiger war es, die Ereignisse von Saalfeld durch Berichte sachkundiger Augenzeugen festzuhalten. Es ist als Glücksfall zu betrachten, daß trotz der nach der Schlacht von Jena und Auerstedt entstandenen Verhältnisse schon 1807 zwei Offiziere der bei Saalfeld geschlagenen preußischen und sächsischen Truppen Gelegenheit fanden, ihre Erinnerungen an das Gefecht schriftlich niederzulegen und drucken zu lassen - Georg Wilhelm von Valentini und Friedrich Carl Ferdinand von Müffling.

Georg Wilhelm Freiherr von Valentini (25.8.1756 Boren/Schleswig-Holstein - 6.8.1834 Berlin). Sein Vater war preußischer Offizier († 1807), Kommandeur des Berliner Jägerregiments und zuletzt Gouverneur des Invalidenhauses in Berlin. Im Berliner Kadettenkorps und im Jägerregiment erhielt v. Valentini seine militärische Ausbildung. Mit dem Jägerregiment nahm er 1792-94 am Krieg gegen die französische Republik teil und wertete seine Kriegsbeobachtungen als Militärschriftsteller aus: Sein erstes Buch „Abhandlungen über den kleinen Krieg und über den Gebrauch der leichten Waffen mit Rücksicht auf den französischen Krieg" (1799) war thematisch ein Novum. Nachdem man hierdurch und durch eine weitere Veröffentlichung auf ihn aufmerksam geworden war, wurde er 1804 als Quartiermeister-Leutnant in den Generalstab nach Potsdam versetzt. Im Feldzug von 1806 war er zuerst bei der vom Prinzen Louis Ferdinand v. Preußen geführten Avantgarde des Fürsten Hohenlohe eingesetzt, in der Schlacht von Jena bei Hohenlohes Haupt-

Abb. 1: Georg Wilhelm von Valentini

macht, und schloß sich schließlich Blüchers Rückzug an. Er entging der Kriegsgefangenschaft und gelangte über Kopenhagen und Helsinki nach Königsberg. 1809 nahm er in österreichischen Diensten als Adjutant des Prinzen von Oranien, des späteren Königs der Niederlande Wilhelm I., an den Schlachten von Aspern und Wagram teil, 1810 in russischen Diensten an zwei Feldzügen gegen die Türken. 1811 stand er wieder in preußischem Dienst, unterrichtete den Kronprinzen und leitete die Erziehung des Prinzen Friedrich von Oranien. Im Feldzug von 1813 wirkte er erst als Oberquartiermeister von General York, wohin er nach einer zeitweiligen Versetzung in das Hauptquartier General v. Bülows Anfang 1814 zurückkehrte. 1815 war er wiederum Bülows Stab beigegeben. Valentini, nach Beendigung des Krieges Kommandant in Glogau, wurde - mittlerweile Generalleutnant - 1828 Generalinspekteur des Militärerziehungs- und -bildungswesens, damit auch Chef aller Kadettenanstalten und Militärschulen. Wie General v. Holleben bezeugt, war Valentini „durch seine Bildung, sein Verständnis und sein humanes Wesen" für diese Stellung ganz besonders geeignet. „Schroffheit, Härte und rücksichtsloses Draufgehen" (B. Poten) waren ihm fremd. Clausewitz pflegte ihn mit ironischem Abstand den „Schulmeister" zu nennen und Gneisenau, mit dem Valentini manche Auseinandersetzung hatte, lehnte ihn wegen Förmlichkeit, zu schulmäßigem Vorgehen und zu lascher Truppenführung ab. Hingegen erfreute sich Valentini der besonderen Wertschätzung des Generals von York, zu dem er auch nach den Befreiungskriegen enge persönliche Kontakte unterhielt.

WERKE:
„Abhandlungen über den kleinen Krieg und über den Gebrauch der leichten Truppen mit Rücksicht auf den französischen Krieg" (1799), „Militärischer Fragmente vorzüglich in Beziehung auf den kleinen Krieg und leichte Truppen" (1802), „Versuch einer Geschichte des Feldzuges von 1809 an der Donau" (1812), Hauptwerk: „Die Lehre vom Krieg", 4 Bände, (1810-24), „Erinnerungen eines alten preußischen Offiziers aus den Feldzügen von 1792, 1793 und 1794 in Frankreich und am Rhein" (1833); unvollendet: Biographie des Generals York

Friedrich Carl Ferdinand Freiherr von Müffling, eigentlich Carl von Weiß (12.6.1775 Halle - 16.1.1851), Sohn eines Hauptmanns und späteren Generals, trat 1790 seinen Dienst als Offizier im Füsilierbataillon v. Schenk in Halle an und ging zunächst nach Schlesien, nahm 1792-94 an den Feldzügen gegen Frankreich teil. Nach dem Frieden zu Basel wurde er 1798 in Westfalen unter Leitung von Oberst v. Lecocq mit Vermessungsarbeiten beschäftigt, 1802/03 als Quartiermeister-Leutnant in den Generalstab nach Potsdam berufen. In den folgenden Jahren wurde er zu Vermessungsarbeiten in Thüringen eingesetzt. 1806 gedachte man aus seiner Kenntnis des Thüringer Landes Gewinn zu ziehen. Er wurde zuerst dem Stab des Fürsten Hohenlohe, dann dessen Avantgarde unter dem Kommando des Prinzen Louis Ferdinand zugeteilt, und folgte nach der Schlacht von Jena und Auerstedt Blücher nach Lübeck. Er trat in den Zivildienst des Herzogs Ernst August von Sachsen-Weimar, war bis 1813 Mitglied von dessen Geheimem Conseil (1811 Geheimrat und Vizekammerpräsident), leitete während dieser Zeit u.a. Chausseebauten. 1813/14 diente er als Oberstleutnant, nach der Schlacht von

Abb. 2: Friedrich Carl Ferdinand von Müffling

Hanau als Oberst und schließlich als Generalstabsoffizier unter Gneisenau. Nach dem Waffenstillstand war Müffling Generalquartiermeister von Blüchers Schlesischer Armee. Am 16.8.1813 wurde ihm die Abfassung der amtlichen Kriegsberichte an die Öffentlichkeit übertragen. Im Feldzug von 1815 war er dem Stab des Herzogs von Wellington als Verbindungsoffizier zu den Preußen zugeteilt, dann 4 Monate lang als Generalmajor Gouverneur von Paris. Bis 1818 verblieb er bei den unter Wellingtons Kommando stehenden Okkupationstruppen in Frankreich. Er nahm 1818 am Aachener Kongreß teil und übernahm 1819 in Koblenz die Direktion der im Rheinland anstehenden Vermessungsarbeiten. 1821 wurde er Chef des Großen Generalstabs in Berlin, der - bis dahin Teil des Kriegsministeriums - unter ihm Selbständigkeit erlangte. Als Generalstabschef hatte Müffling die angesichts seiner besonderen Fähigkeiten und Interessen für ihn ideale Position inne. Vor allem seiner Neigung zu Terrainaufnahmen konnte er hier nachgehen. 1829 handelte er in Konstantinopel den Frieden von Adrianopel aus, der den Russisch-Türkischen Krieg (1828/29) beendete, und ging danach nach Petersburg. Von 1829-38 kommandierte er das VII. Armeekorps in Münster. 1838 wurde er Gouverneur von Berlin und Präsident des Staatsrates. Nachdem er 1847 krankheitshalber des Abschied genommen hatte, verbrachte er seine letzten Jahre in Erfurt und auf seinem nahe dabei gelegenem Gut Ringhofen. - Was Müffling zum idealen Stabsoffizier machte, waren „seine durch Kürze und Knappheit im Schreiben und Sprechen unterstützte Geschäftskenntnis, seine Ordnungsliebe, sein methodischer Sinn". (B. Poten) Gneisenau charakterisierte ihn negativ als „übermüthig im Glück, verzagt im Unglück; wenn es gut ging, wollte er Alles an sich reißen, wenn es schlecht ging, ward er so hinfällig, daß er keine Arbeit mehr verrichten konnte".

WERKE
(meist unter „C.v.W." = Carl von Weiß erschienen): „Operationsplan der preußisch-sächsischen Armee im Jahre 1806" (1807), „Marginalien zu den Grundsätzen der höheren Kriegskunst für die österreichischen Generale" (1808), „Die preußisch-russische Kampagne von 1813 bis zum Waffenstillstande" (1813), „Geschichte der Armeen unter Wellington und Blücher im Feldzuge von 1815" (1817), „Zur Kriegsgeschichte der Jahre 1813 und 1814: die Feldzüge der schlesischen Armee unter dem Feldmarschall Blücher von der Beendigung des Waffenstillstands bis zur Eroberung von Paris" (1824), „Betrachtungen über die großen Operationen und Schlachten von 1813 und 1814" (1825), „Napoleons Strategie im Jahre 1813" (1827), „Aus meinem Leben" (1851)

So unterschiedliche Ausprägungen des Typs „Stabsoffizier" Valentini und Müffling waren, so verschiedenartig sind ihre Berichte über das Gefecht bei Saalfeld bezüglich des Charakters und der Tendenz der Darstellung ausgefallen. Die Probleme beginnen damit, daß Valentini und Müffling das Gefecht an verschiedenen Abschnitten des Kampfgeschehens erlebten und ganz unterschiedliche Aufgaben wahrzunehmen hatten. Während sich Valentini zumeist im unmittelbaren Umfeld des Prinzen Louis Ferdinand befand, standen Müfflings Truppen, zwei preußische Musketierbataillone, auf dem rechten Flügel als zweite Reihe hinter dem sächsischen Regiment Clemens. Als ersichtlich wurde, daß die Franzosen den rechten Flügel der Preußen zu umgehen beabsichtigten, wurde Müfflings 1. Bataillon mit der sächsischen Batterie Hoyer auf den Sandberg hinter Aue geschickt, verlor diese gemeinsam mit dem Regiment Clemens verteidigte Stellung jedoch an die Franzosen und zog sich etwas nordwestlich von Schwarza über die Saale Richtung Remda zurück. Das 2. Bataillon hatte die Brücke in Schwarza zu decken und erreichte beim Rückzug Rudolstadt. Müfflings Bericht ist betont emotionslos gehalten, zeichnet sich durch Kürze und Überschaubarkeit aus, führt dennoch alle wesentlichen Voraussetzungen, Aktionen und Ergebnisse des Gefechts auf. Jene „ruhige Objectivität", die B. Poten generell den Schriften Müfflings bescheinigte, liegt über der Schilderung der Ereignisse. Dieser Text scheint vor allem für Militärs geschrieben worden zu sein, bleibt aber auch dem Laien, sofern er bereit ist, sich in die Gegebenheiten des Terrains und den Verlauf der Truppenbewegungen zu vertiefen, verständlich. Müffling Anliegen war offensichtlich nicht die vordergründig kritische Wertung, sondern die Bestandsaufnahme. Das Geschehene sollte, sicher mit Blick auf eine spätere kritische Diskussion, anhand der Fakten überschaubar und verständlich gemacht werden.

Valentinis Text liegt ein ganz anderes Anliegen zugrunde. Er fühlte sich, zumal er den 10. Oktober in unmittelbarer Nähe des Prinzen Louis Ferdinand verbracht hatte, verpflichtet, der am Vorgehen des Prinzen geübten Kritik zu begegnen und diese als unbegründet zurückzuweisen. Während Müfflings Text den Blick aus der Vogelperspektive auf das Schlachtgeschehen richtet und so mitunter den Charakter der Erläuterung zu einem militärischen Sandkastenspiel annimmt, berichtet Valentini eingebettet in den Gesamtverlauf der Ereignisse vordergründig von den Frontabschnitten, an denen er selbst stand, und Entscheidungsfindungen, die er durch eigenes Erleben nachvollziehen konnte. So liest sich Valentinis emotionsgeladener und abwechslungsreicherer Text natürlich für den Laien interessanter und spannender. Zudem übt Valentini scharfe Kritik an der Taktik der preußischen Armee im allgemeinen und legt an Beispielen dar, daß diese Art der Truppenführung der von den Franzosen praktizierten unterlegen sein mußte, von seiner harten Kritik an der Planung und Leitung des Feldzuges von 1806 ganz zu schweigen. Unbedingt zu beachten ist auch, daß beide Texte unter sehr verschiedenen Bedingungen entstanden sein müssen. Sicher verfügte Müffling bei der Abfassung seiner Schrift über bessere Arbeitsmöglichkeiten als der in Königsberg befindliche Valentini, der seine Leser zu entschuldigen bat, daß er seinen Text ohne Karte habe ausarbeiten müssen, weshalb er zu seiner Broschüre eine Skizze entwarf.

Reaktionen von Zeitgenossen auf Müfflings und Valentinis Berichte zu recherchieren, wäre eine militärhistorische Spezialaufgabe. Zur Wertung der Tendenz der Texte kann jedoch gesagt werden, daß derjenige Müfflings bedenkenlos jedermann zur knappen und exakten Orientierung über das Gefecht bei Saalfeld dienen konnte, so daß es kein Zufall ist, daß man sich seitens der französischen Armeeführung eine Abschrift anfertigen ließ. Valentinis Text hingegen hat sicherlich manche kontroverse Diskussion erfahren, damit aber wohl auch die größere Bekanntheit erlangt. Interessant wäre das Urteil beider Autoren über den Text des jeweils anderen. Offen bleibt, inwieweit eine der Schriften als Antwort auf die andere zu verstehen ist. Valentini, der gezielt zur Verteidigung des Prinzen Louis Ferdinand schrieb, könnte eventuell Müfflings Broschüre gekannt haben, in der bei aller Anerkennung der persönlichen Tapferkeit des Prinzen vorausgesetzt wird, daß dieser an ihn ergangene Befehle des Fürsten Hohenlohe bewußt ignoriert habe.

Die Broschüren Müfflings und Valentinis sind anonym erschienen. Beide Autoren hielten ihre Person um der Objektivität der Darstellung willen bewußt im Hintergrund, was Müffling natürlich besser gelingen mußte als Valentini. Die Anonymität der Verfasserschaft war jedoch als bloße Geste zu verstehen, denn für die Zeitgenossen waren die Autoren leicht ihren Schriften zuzuordnen. Während Valentini jedoch als Autor seiner Broschüre in die Bibliographie eingegangen ist, wird Müfflings Schrift heute zumeist als die eines unbekannten Verfassers geführt. Einen interessanten Aufschluß über seine Autorenschaft gibt u.a. eine handschriftliche Übersetzung seines Textes ins Französische, die im Archiv der Französischen Armee aufbewahrt wird.[1] Der Übersetzer bezeichnet diesen Text als einen Bericht „par Mr. de Mumpfling", Ingenieur im Dienst des Königs von Sachsen. Daß Müffling hier „Ingenieur" genannt wird, hängt sicher mit seiner wohl auch den Franzosen nicht unbekannt gebliebenen Spezialisierung als Vermessungsoffizier zusammen. Natürlich stand er nicht im Dienst des Königs von Sachsen - hierin irrt der Übersetzer -, sondern im Dienst des Herzogs von Sachsen-Weimar.

Beide Texte sind nach 1807 nicht wieder gedruckt worden und, da sie in schwieriger Zeit in vermutlich nur kleiner Auflage erschienen waren, heute Raritäten. Valentinis Broschüre ist gegenwärtig in Saalfeld nicht, auch in keiner öffentlichen Bibliothek Thüringens, nachweisbar. Ein Exemplar konnte in der Staatsbibliothek München ermittelt werden. Alwin Thümmel, der 1882 die Broschüre „Kriegstage aus Saalfelds Vergangenheit" publizierte, muß Valentinis Schrift jedoch gekannt haben, da er sie in seiner Bibliographie vermerkt und in seinem Text gelegentlich auf sie Bezug nimmt.[2] Dabei macht er sich ganz die Ansichten Valentinis zu eigen. Ein Exemplar von Müfflings Schrift aus dem vormaligen Besitz von Ernst Truppel/Saalfeld wurde 1903 von Hugo Truppel, Chemnitz, dem Saalfelder Museum überreicht.[3] Bereits 1902 war in der Nr. 23 der „Saalfische", der heimatgeschichtlichen Beilage des Saalfelder Kreisblattes, ein Artikel (anonym) erschienen, der den Inhalt der Broschüre kurz referierte. Der Verfasser hatte wohl das im Besitz von Truppel befindliche Exemplar gekannt und vermutete einen sächsischen Offizier als Autor.

Erwähnt sei noch, daß Müffling in den Erinnerungen genannt wird, die Amalie von Uttenhoven zum 10. Oktober 1806 verfaßte. Sie hielt sich als Hofdame der Herzogin von Sachsen-Coburg-Saalfeld vom 1. bis zum 13. Oktober im Gefolge von Herzog Franz und Herzogin Auguste im Saalfelder Schloß auf. Am Abend des 1. Oktobers meldete ein Adjutant das Anrücken von Müfflings Truppen. Von nun an waren allabendlich preußische Offiziere an der herzoglichen Tafel zu finden. Diese erinnerten sich im Gespräch mit der Hofdame freundlich an deren Vater, den preußischen General v. Uttenhoven, und vor allem Müffling äußerte sich „mit viel Freundschaft" über ihn.[4]

ANMERKUNGEN:
1 MINISTERE DE LA DEFENSE, Chef du Service Historique de l'Armée de Terre, M.R. 1508 et C 227. Den Hinweis auf dieses Material und die Vermittlung von Kopien verdankt das Thür. Heimatmuseum Saalfeld Herrn Sigurd Böhm, Meudon.
2 A. Thümmel, Kriegstage aus Saalfelds Vergangenheit, Berlin 1882, u.a. S. IV
3 Thür. Heimatmuseum Saalfeld, Bibliothek Wb 10, darin auch Brief von H. Truppel vom 18.2.1903
4 Saalfische 1912/ Nr. 21, S. 2

LITERATUR:
B. Poten, in: Allgemeine Deutsche Biographie, Bd. 22, S. 451 ff. (Müffling) u. Bd. 39, S. 465 ff. (Valentini), Leipzig 1885/95; H.A. Pierer, Universal-Lexikon der Gegenwart und Vergangenheit oder neuestes enzyklopädisches Wörtenbuch der Wissenschaften, Künste und Gewerbe, Bd. 20, S. 40 (Müffling) u. Bd. 32, S. 380 f. (Valentini), Altenburg 1844/46; im Text genannte Werke von Müffling und Valentini

Georg Wilhelm von Valentini

DAS GEFECHT BEI SAALFELD AN DER SAALE

Will das Schicksal mit uns enden,
So fallen wir, die Waffen in den Händen.
Shakespeare

Dem Prinzen Ferdinand von Preußen ehrerbietigst gewidmet

Die Begebenheit von Saalfeld, die erste in dem noch fortwährenden Kriege, ist die wichtigste für die Nachwelt. In ihr opferte ein erhabener Prinz sein Leben, Tugenden auf, für die das entnervte Zeitalter den Sinn verlor. Die schiefen Urtheile derjenigen, die sich nur durch den Erfolg leiten lassen, veranlaßten mich, die Erinnerungen eines unglücklichen Tages niederzuschreiben. Noch so glücklich, für die Sache meines Vaterlandes fechten zu dürfen, und mit den Motiven bekannt, die den Prinzen als Feldherrn leiteten, wünsche ich, daß die Kenntniß davon nicht mit mir untergehe. Ich übergebe daher diese Blätter dem Druck. Das Detail einer militärischen Relation in Namen und Zahlen suche man nicht. Die gegenwärtige ward ohne Karte geschrieben, und die beigefügte Skizze bloß aus dem Gedächtniß entworfen. Nur wenn es darauf ankam, den Geist der Truppen und den Charakter des Prinzen zu schildern, schienen auch die kleinsten Züge mir wichtig.

Unpartheilichkeit und Unbefangenheit sind selten Eigenschaften bei dem mithandelnden Geschichtschreiber. Ich glaube indeß, sie herrschen in diesen Blättern. Das Gefühl über das Unglück meines Vaterlandes macht alle übrigen schweigen und überhebt mich der kleinlichen Rücksicht, Jemand zu kompromittiren. Ich wollte einen Lorbeer auf das Grab des Helden pflanzen. Nur durch die treuste Darstellung seiner Handlungen konnte ich es.
Uebelgewählte Maßregeln, von falschen Urtheilen geleitet, hatten die preußisch-sächsische Armee auf dem linken Ufer der Saale zusammengedrängt. Der Weg nach den Hauptstädten Berlin und Dresden dem Feinde offen, war die Gefahr, von den Quellen der Subistenz abgeschnitten zu werden, einleuchtend. Unzufriedenheit, ganz Sachsen dem Feinde Preis gegeben zu sehn, ward im sächsischen Heere deutlich geäußert, und Besorgniß, daß der einzige thätige Verbündete Preußens zu einem Alleinfrieden gezwungen würde, fühlte je-

der, der an das Phantom norddeutscher Nation noch glaubte. Nur diejenigen, welche, ohne selbst zu urtheilen, die Handlungen der Machthaber bewundern, sahen in der im engen Raum zusammengepreßten übergroßen Armee einen unwiderstehlichen Keil, den man vorschieben würde, die feindliche Heeresmacht zu durchbrechen und auseinander zu reißen. Die Vorbereitungen zu einer solchen Offensivoperation waren gemacht, und es war fast allgemein bekannt, daß sie im Werk sey. Man nannte schon den Tag, an welchem die Armee aus den Thälern der Werra und Rodach debouchiren würde, den Feind anzugreifen, indem man voraussetzte, er werde den Angriff stillstehend erwarten. Der Thüringer Wald trennte die gegenseitigen Armeen. Vier Märsche ohngfähr waren erforderlich, um ihn zu passiren.

Der Thüringer Wald gehört bekanntlich nicht zur Klasse derjenigen Gebirge, welche Kriegsoperationen zu hemmen im Stande sind. Doch bringt seine Beschaffenheit sowohl für die Bewegung als den Unterhalt einer Armee Schwierigkeiten hervor, die man zu vermeiden pflegt, wenn man kann. Der Gebirgskrieg ist überhaupt nie als Stärke der preußischen Armee betrachtet worden, und wie leicht konnte ein kluger Feind, der sich stärker in diesem Zweige fühlte, ihr im Gebirge zu begegnen suchen. Die Pässe des Thüringer Gebirgs, obgleich keiner von ihnen ein Termopylä ist, bieten überdies, vermöge der Beschaffenheit des Bodens, den Franzosen mehr Vortheile zur Vertheidigung dar, als einer von Norden vordringenden Macht. Es schien aber ein Liebslingsprojekt zu seyn, die Armee mit Umwegen und beschwerlichen Märschen hinter dies Gebirge zu führen, um mit Mühe und Zeitaufwand es passiren zu können. Im vorigen Jahr sah man dieses Projekt an den schnellen Fortschritten eines kühnen Feindes scheitern; in diesem schien ein Moment einkehrenden richtigen Urtheils es zu hintertreiben. Aber eine kostbare Zeit war verlohren, und was weiter zu thun noch nicht beschlossen. Vielleicht um einstweilen doch eine Art von Entschluß zu fassen, ward eine furchtbar seyn sollende Defensivstellung hinter dem Gebirge gewählt. Offiziere von allen Regimentern waren nach dem neu zu beziehenden Lagerplatz schon beschieden.

Der feste und schnelle Gang Napoleons vereitelte den kunstvollen Defensivplan, der im Rathe der Oberfeldherren beschlossen seyn mochte. Was von den Landleuten im Bambergischen vorher verkündigt ward: daß die Operationen der Franzosen am 9ten Oktober den Anfang nehmen würden, ereignete sich wirklich. Konsequenz und Kraft bei den gewählten Maßregeln, überheben der Mühe, das, was man vor hat, zu verheimlichen. -

In der Nacht vor dem 9ten erhielt man die längst zu erwartende Nachricht, daß Graf Tauenzien mit seinem kleinen Korps, von der großen französischen Armee gedrängt, in vollem Rückzuge gegen Schleitz begriffen sey. Man hatte dies kleine Korps recht geflissentlich im Schach stehen lassen, gerade als wollte man den Feldzug mit einer sich selbst bereiteten Niederlage eröffnen.

Es lag nun klar am Tage, daß Napoleon der preußischen Armee die Gemeinschaft mit Berlin und Dresden nehmen wollte, wozu man ihm die Wege so gutmüthig schon geöffnet hatte. Ein Linksziehen der ganzen Armee ward nothwendig, und Fürst von Hohenlohe, dessen Armeekorps zwischen Jena und Weimar sich ausdehnte, erhielt Befehl, sich im Thal der Saale zu koncentriren. Der Geist, der diesen Befehl diktirte, dachte ohne Zweifel sich unter diesem Koncentriren wiederum eine geregelte Defensivstellung, wie man deren in früheren Epochen angewendet hatte und noch ferner anwenden mag gegen Feldherren, die Napoleons Kriegskunst nicht verstehen.

Der Fürst von Hohenlohe, fähig in den Geist eines kühnen Feindes einzudringen, und nicht Freund von Defensivstellungen, gab dem erhaltenen Auftrage die den Umständen allein angemessene Auslegung. Das rechte Ufer der Saale wieder zu gewinnen und den General Tauenzien aufzunehmen, mußte Hauptzweck seyn. Es ergiengen also an die Armee die Ordres zum Marsch nach der Saale dergestalt, daß sie am 10ten in vier Kolonnen an vier Uebergangspunkten über diesen Fluß versammelt seyn konnte, nämlich an den Passagen bei Rudolstadt, Orlamünde, Kahla und Jena. Mit diesen vier Kolonnen glaubte der Fürst sogleich die Saale passiren zu dürfen, um zuvörderst das vortheilhafte Terrain zwischen Neustadt und Groß-Ebersdorf zu gewinnen. Sollte von einer Defensivstellung die Rede seyn, so würde diese Gegend wenigstens eine solche geliefert haben, aus der man sich nach Gefallen bewegen konnte, und die der Feind angreifen mußte, wollte er gegen Dresden oder Berlin weiter vordringen. Eine Schlacht, die wahrscheinlich erfolgt seyn würde, hätte auf jeden Fall den Staat gerettet, denn gewonnen stellte sie die Anfangs günstige Lage der Umstände wieder her, und eröffnete den Weg nach Franken, das Thüringer Gebirge rechts lassend, eine Operation, mit der man freilich den Feldzug hätte anfangen sollen. Der unglückliche Fall einer Niederlage aber warf die Armee nach der Gegend von Gera zurück, und ließ ihr die Gemeinschaft mit den beiden Hauptstädten offen. Alle Quellen der Subsistenz hinter sich, konnten die Verhältnisse nicht Statt finden, die bei Jena und Auerstedt die Armee mit einem Schlage vernichten ließen. Jemehr dieser Plan von der Nothwendigkeit vorgeschrieben zu werden schien, je weniger konnte man zweifeln, daß er die höhere Bestätigung erhalten würde. Die Nachricht von den Schritten der französischen Armee erregte daher Frohlocken bei denjenigen, welche die gefährliche Lage der preußischen Angelegenheiten einsahen. „Man ist jetzt gezwungen, das einzig Vernünftige zu thun", sagte man sich. Das einzig Vernünftige schien aber zu kühn demjenigen, den der böse Dämon der preußischen Monarchie verblendet hatte.

Prinz Louis Ferdinand befehligte die Avantgarde des Fürsten von Hohenlohe. Sie bestand aus 12 Bataillons und 15 Eskadrons, und war in den Pässen des Thüringer Waldes, ohngefähr auf der Linie zwischen Ilmenau und Saalfeld, vertheilt. General Schimmelpfennig, mit 5 Eskadrons seines Husarenregiments allein, stand auf dem rechten Ufer der Saale in der Gegend von Neustadt, gewissenrmaßen zu einer precairen Kommunikation mit dem General Tauenzien. Des Prinzen Hauptquartier war im Städtchen Ilm, am nördlichen Abhange des Gebirgs. Die äußerste Vorpostenchaine war mehr nach der politisch-geographischen Lage der Gränze, als nach der militärischen angeordnet. Das Bambergische Amt Lauenstein springt nämlich als eine Spitze in die sächsischen Länder hinein. Es war stark mit leichten Truppen besetzt, wie zu einer Herausforderung gleichsam. Leicht würde es gewesen seyn, einen vortheilhaften kleinen Krieg zu eröffnen, indem man durch eine wohlkombinirte Vorwärtsbewegung längs beider Seiten der Gränze, gegen Cronach zu, die vorgeschobenen feindlichen Korps abschneiden konnte. Die politischen Verhältnisse mochten aber die Eröffnung des Feldzugs für Preußen noch nicht verstatten. Von Frankreich die Feindseligkeiten angefangen, mußten die kleinen Detachements der preußischen Vorposten, die über den Kamm des Gebirgs weg und nach der Saale bei Leutenberg und Ziegenhals eine Linie bildeten, gegen die bei Lauenstein koncentrierten feindlichen Truppen in Nachtheil stehen.

So war die Lage der Sachen, als am 9ten dem Prinz Louis Ferdinand von dem Fürsten von Hohenlohe der beschlossene Operationsplan mit dem Befehle mitgetheilt ward, seine Avantgarde sobald als möglich bei Rudolstadt zu versammeln.

Der Charakter dieses Prinzen ward von vielen nicht gekannt, von noch mehreren nicht verstanden. Er verband die ritterlichen Tugenden der Vorzeit mit liebenswürdigen Eigenschaften des geselligen Lebens. Daher mußte er allen denjenigen mißfallen, welche in ihrem beschränkten Kreise nur einem Geschäfte zu leben verstehn. Seinem leichtfassenden Geiste stellte sich von jedem Gegenstande die Hauptansicht dar, ohne daß Nebendinge sein Urtheil und Handeln aufhielten. Daher mußte er das Mißtrauen aller derjenigen erregen, welche ein Verdienst darin suchen, das Leichte und Einfache schwer und verwickelt zu machen. Da seine glänzende Tapferkeit aus früheren Epochen bekannt war, so ließen seine Tadler sie als eine tollkühne Verwegenheit erscheinen, von der man nur im Fall der Noth, unter vormundschaftlicher Leitung Gebrauch machen müsse. Wie sehr aber der Prinz fähig war, die Angelegenheiten selbst zu leiten, das bewährte sein richtiges Urtheil über die Lage der Armee, als man ihren Untergang zu bereiten anfieng. Alle diejenigen, die er seines Vertrauens würdigte, werden seinen Einsichten eben die Gerechtigkeit wiederfahren lassen, als seiner patriotischen Resignation, die ihn nur dahin streben ließ, die übel ersonnenen Pläne des Feldzugs durch gute Ausführung, soviel sein Wirkungskreis es zuließ, unschädlich zu machen.

Jemehr der beschlossene Uebergang über die Saale den Ansichten des Prinzen angemessen war, jemehr bemühte er sich zur schnellsten Ausführung die Hand zu bieten. Ungesäumt ertheilte er den verschiedenen

Korps seiner Avantgarde den Befehl zum Aufbruch. Ungeachtet die entferntesten 4 bis 5 Meilen zurückzulegen hatten, so war man doch versichert, die ganze Avantgarde mit einbrechender Nacht in und bei Rudolstadt versammelt zu haben. Diese Befehle gegeben, die Diskolation den marschirenden Truppen entgegengeschickt, eilte der Prinz selbst nach Rudolstadt, sich daselbst für die ferneren Maßregeln zu orientieren. Von jeder Brigade ward ein Officier, zur schnellen Beförderung derselben, nach Rudolstadt beschieden. Auf dem Wege dahin erhielt der Prinz einen Rapport vom Obersten Rabenau, welcher mit seinem Füsilierbataillon, einer Jägercompagnie, einigen Escadrons Husaren, und einiger Artillerie, den Posten von Saalfeld besetzt hielt, daß der Feind die Vorposten der Jäger zurückgedrängt habe, und daß allen Nachrichten zufolge, der Feind am folgenden Tage einen ernstlichen Angriff machen würde. Die Richtigkeit der Vermuthung war nicht zu bezweifeln, wohl aber zu erwarten, daß nicht die Hauptanstrengung des Feindes auf ein Vordringen im Thal der Saale gerichtet seyn würden. Diese Operation konnte eine Frontbeschäftigung seyn, während auf der linken Flanke der Armee der eigentlich tödtliche Schlag bereitet ward. Die Nachricht, Kayser Napoleon befinde sich bei dem gegen den Grafen Tauenzien agirenden Heer begründete dieses Urtheil, wie der Erfolg es bestätigt hat.

Indeß war es immer wichtig, sich mit der Avantgarde an irgend einem festen Punkt im Thal der Saale zu behaupten; denn ließ man sich den Fluß hinabdrängen, so konnte die ganze den Uebergang beabsichtigende Armee des Fürsten von Hohenlohe im Thale fest gehalten, und auf die strenge Defensive zurückgeworfen werden.

Das Terrain von Saalfeld war dem Prinzen nicht bekannt. Nur einer seiner Adjudanten war es in der Postkutsche durchreist, und konnte den Bericht erstatten, daß das Lokal daselbst, mehr als weiter unterhalb am Flusse geeignet sey, sich mit allen Truppenarten zu schlagen. Das Thal ist daselbst ziemlich breit, und verstattet der Kavallerie zu agiren, in welcher Waffe man die Ueberlegenheit der preußischen Armee zu sehen gewohnt war. Oberst Rabenau erhielt diesem gemäß die Instruktion, keine Maßregeln nach eigener Beurtheilung bis morgen zu nehmen, wo alsdann der Prinz mit seinem Korps im Stande seyn würde ihn zu soutenieren. -

In französischen Bulletins hatte man sich mit Recht verwundert, daß bei der preußisch-sächsischen Armee, obgleich in ihrem eigenen Lande, weit weniger Kenntniß des Terrains statt fand, als bei der französischen. Die Ursache davon lag zum Theil mit in einem im preußischen Hauptquartier eingeführten Detailgeschäftsgang, der bei jeder Bewegung der Armee das ganze Personal des Generalstabs und seine Gehülfen, mit allen Kalamitäten der Geist und Körper niederdrückenden Büreaugeschäfte überhäufte. Dazu kam, daß die Pläne zum Feldzuge so oft abgeändert wurden. Der Wunsch, bei dergleichen Abänderungen schon vorbereitet zu seyn, verleitete bisweilen zu dem Verfahren, für alle möglich eintretende Fälle das Detail der Operationen bearbeiten zu lassen, wobei denn freilich der Spekulationsgeist sich auch wohl verrechnete, und den wirklich eintretenden Fall übersah. Die Menge der anzufertigenden Marschtabellen, die Briefe und Ordres aber fesseln diejenigen, die aufs Pferd und ins Feld gehört hätten, um zu erkundigen und auszuspähen, an den Schreibtisch, und trug dazu bei, sie den eigentlichen Gegenständen ihres Wirkens und Handelns - der Natur und den Menschen - zu entfremden. Daher geschah es denn wohl, daß bei wirklich eingetretenen Operationen, Officiere des Generalstabs genöthigt waren, sich bei den Vorpostenofficieren Rath zu erholen, oder gar sich der Diskretion eines in der Eil aufgegriffenen Guiden zu überlassen. Die so nöthige Einrichtung einer im voraus zusammengebrachten Anzahl des Landes kundiger, und für die Sache gewonnener Leute, die man unter diesem Nahmen Guides versteht, fand noch nicht statt, ungeachtet ein Capitain des Guides vorhanden war. Die Franzosen verfuhren mit mehr Intelligenz auch in diesem Punkt. Schon im Sommer waren reisende Officiere ganz Sachsen durchstreift, um sich im Allgemeinen zu orientieren, und im Thüringer Walde und im Erzgebirge wanderten häufig bayrische oder würtembergische Jäger, die unter dem Vorwand der herkömmlichen Handwerksreisen das Land im einzelnen erkundigten. Die Bambergischen Landleute, durch Geld und Ueberredung gewonnen, dienten in dieser Gegend dem Feinde zu Wegweisern, der mit festem Schritt einem gegebenen

Zwecke folgend, sich der Mittel mit Klugheit zu bemeistern wußte.

Der Prinz war nur erst einen Tag in seinem Hauptquartier, der Stadt Ilm gewesen, welches zwei Meilen von Rudolstadt ist. Dennoch hatte er sich mit der ihm eigenen Fassungsgabe in der Gegend orientirt. In Rudolstadt aber erst bei der einbrechenden Nacht angelangt, mußte man sich vor der Hand mit mündlich eingezogenen Erkundigungen begnügen. Die Hauptfrage betraf den beschlossenen Uebergang über die Saale, bei welchem sich der Prinz mit der Hoffnung schmeichelte, sich noch am nächsten Tage mit dem General Tauenzien vereinigen zu können. Es kam also darauf an, den Weg nach Schleiz offen zu behalten. Es geht von Rudolstadt aus ein gerader Weg über die Bergkette dahin, die in der Biegung der Saale zwischen Rudolstadt und Saalfeld, auf dem rechten Ufer des Flusses sich auszeichnet. Dieser Weg ist aber für Geschütz schwer praktikabel, und man zieht den Weg von Saalfeld aus, welcher die erwähnte Bergkette links läßt, vor. Hierauf gründete sich der Entschluß des Prinzen, mit seinem Korps am folgenden Morgen nach Saalfeld zu marschiren, um einen doppelten Zweck zu erreichen, nemlich 1) den Posten daselbst, wenn er angegriffen würde, zu souteniren, und 2tens zum Uebergang über die Saale à Portée zu seyn, wenn die beschlossene Operation zur Ausführung käme. Um sich jedoch nach den Umständen richten zu können, ward vor der Hand nur der Befehl gegeben, daß das Korps mit dem Anbruch des Tages bei dem Dorfe Schwarza, auf dem Wege von Rudolstadt nach Saalfeld, auf dem Rendevous stehen sollte. Ausgenommen von diesem Versammlungsbefehl war der General Pellet, mit seinem Füsilierbataillon und einigen Escadrons sächsischer Husaren, welcher auf seinem Posten Blankenburg, eine Meile rechts dem Saalethale, zur Beobachtung der rechten Flanke stehen bleiben sollte, so wie der General Schimmelpfennig, mit seinem halben Regiment bei Neustadt, ein Gleiches in Absicht der linken that. Beide Generale wurden von den Absichten des Prinzen unterrichtet.

Von dem hochliegenden Schlosse von Rudolstadt konnte man die nächtlichen Wachtfeuer der Franzosen, im Amte Lauenstein und über Saalfeld hinaus, überschauen. Der weite Glanz derselben, und die häufig fallenden Schüsse, ließen über die ernstlichen Geschäfte des kommenden Tages keinen Zweifel mehr übrig. Mit hoher heiterer Stimmung sah der Prinz diesem Tag entgegen. Einen Angriff bei Saalfeld abzuschlagen, und dann dem bei Schleitz vorgedrungenen Feinde sich entgegen zu werfen, diese Hoffnungen schienen ganz seine Seele zu beleben, die keine Ahnung des nahen Unglücks trübte.

Das Dorf Schwarza, welches zum Versammlungsort der Kolonne auf den 10ten früh bestimmt war, liegt am Zusammenfluß der Saale mit der Schwarza. Dieser Bach, von Westen nach Osten fließend, ist zwar an sich unbedeutend, wird aber so wie die Saale, von hohen steilen Bergrücken begleitet. Auf dem durchaus steilen Abhange dieser Höhen am südlichen Ufer, etwa eine Meile von Schwarza, liegt das Städtchen und Schloß Blankenburg. von demselben an bis zum Thalabhange der Saale gegen Rudolstadt hin, führen nur wenige äußerst beschwerliche Wege zur Höhe hinauf. Sanfter auslaufend ist auf dem nördlichen Ufer der Schwarza der Bergrücken, indem dessen Fuß gegen das Thal der Saale hin in mehrere Ravins und Wiesengründe zerfällt, und eine fortlaufende Reihe sanfter Hügel bildet, welche den Fuß der vom Flusse entfernteren hohen und steilen Thalwand des westlichen Saaleufers ausmachen. Auf der östlichen Seite sind die Thalhöhen der Saale wiederum durchaus steil, und ihr Fuß wird zum Theil von dem in einem steinigten Bette ziemlich stark fließenden Flusse bespült, der nichts destoweniger bei trockner Jahreszeit an den meisten Orten zu durchreiten ist.

In dem sanfthügeligten Terrain des weit sich öffnenden Saalthals, auf dem linken Ufer des Flusses, liegt die Stadt Saalfeld, mit starken Mauern und Vorstädten umgeben; das Dorf Alt-Saalfeld auf dem rechten Ufer des Flusses, an einem die steilen Höhen durchschneidenden Grunde, wird mit der Stadt durch eine Brücke verbunden. Südwärts der Stadt wird das breite Saalthal von dem quer vorliegenden Hauptrücken des Thüringer Gebirgs geschlossen, in welchem die Saale von Saalburg her im Durchbruche liegt. Schon von der Stadt an erhebt sich das Terrain zu sanften freien Höhen, etwa bis zur Weite eines Kanonenschusses, wo dann der steile waldigte Rücken scharf seinen Anfang nimmt, und von mehrern Ravins durchschnitten, einige sich auszeichnende Gipfel bildet. Alle diese Ravins eröffnen Wege nach dem Gebirge hinauf, unter denen aber nur die Poststraße über Gräfenthal und den Sattelpaß, nach Koburg, für schweres Fuhrwesen brauchbar ist. Sie läuft längs dem Abhange eines steilen Grundes fortwährend bergan, bis gegen Hoheneiche, eine Meile von Saalfeld, und erreicht hier einen der höchsten Punkte des Gebirgrückens, der gegen Gräfenthal hin wieder abfällt. Schon von weitem her sichtbar, und zu beiden Seiten von steilen waldigten Gründen eingeschlossen, zeigt die durch ein Vorwerk mit einer Kirche ausgezeichnete Höhe von Hoheneiche sich als einen vortheilhaften Gebirgsposten, aber nur vorzüglich für den Feind, weil der nördliche Abhang, sanft abfallend und unbewachsen für einige Bataillons und Batterien Front darbietet. Der südliche Abhang dagegen ist mit dichtem Fichtenwalde bewachsen, und ohne zeiterfordernde Vorbereitung zu einer Stellung nicht geeignet. Der dichte Fichtenwald führt nach dem steilen Grunde hinab, in welchem das Städtchen Gräfenthal wie in einem Kessel liegt. Man hatte in dieses Städtchen einen Officier und 30 Pferde als Avertissementsposten gelegt, der sich aber klüglicherweise beim Anrücken des Feindes aus diesem für Kavallerie nicht geeigneten Terrain bei Zeiten zurückgezogen, zum Unglück aber einen auf seiner linken Seite detachirten Unterofficierposten, den der Feind aufhob, eingebüßt hatte. Bei Hoheneiche hatte eine Jägercompagnie gestanden, welche dem vordringenden Feinde einigen Widerstand geleistet, sich aber wegen der obenangezeigten Localbeschaffenheit bis gegen Saalfeld hatte zurückziehen müssen. Der Feind war hierauf mit Tirailleurs und einiger Kavallerie bis an die waldigten Debouches des Gebirges vorgedrungen, von wo man das Thal der Saale übersehen kann, hatte einen links abgehenden Weg, der längs der westlichen Thalhöhe des Flusses, die Richtung ohngefähr auf Blankenburg nimmt, recognoscirt, und ein vor der Stadt im Debouché liegendes kleines Dorf, durch welches die Poststraße führt, besetzt. Die Jäger, die vor der Stadt sich setzten, nahmen das Dorf wieder, drängten den Feind zurück, und machten einen Gefangenen. Dieser Gefangene sagte aus, das im Anmarsch begriffene Korps sey die Avantgarde des Generals le Fevre, welcher mit 30.000 Mann nachfolge und anzugreifen Be-

fehl habe. Daß bei diesem zu erwartenden Angriff der Feind den Posten von Saalfeld in seiner rechten Flanke tourniren würde, setzte seine eben gemachte Recognoscirung um so weniger außer Zweifel, da in der rechten Flanke die auffallende Blöße der preußischen Stellung lag. Die ausführlichen Berichte von allen diesen am 9ten und am frühen Morgen des 10ten statt gefundenen Ereignisse und Erkundigungen empfieng der Prinz, als er vor der sich eben bei Schwarza versammelnden Colonne voraus nach Saalfeld eilte. – Der Prinz besaß nicht die Eigenschaft derjenigen Befehlshaber, welche bei jeder von fern drohenden Gefahr, im Gefühl ihrer Unmündigkeit, um Hilfe schreien, das Heer allarmiren, und den Oberbefehlshaber zu Fehlgriffen, und Versplitterung seiner Kräfte verleiten. Ruhig hatte er die nähere Entwicklung der Muthmaßungen und Aussagen der Berichterstatter erwartet, und erst, nachdem der Augenschein ihn von der Richtigkeit derselben überzeugt, und das Anschauen der Gegend ihn in seinen Entschlüssen befestigt hatte, machte er auf dem Felde vor Saalfeld seine schriftlichen Berichte an die Oberfeldherrn des Heers, (den König, den Herzog v. Braunschweig, und den Fürsten von Hohenlohe). Er stellte die Gründe dar, aus welcher er die Behauptung des Postens von Saalfeld für wichtig hielt, und unterzog sich derselben, trotz der zu erwartenden feindlichen Uebermacht. Nicht um Unterstützung suchte er an, denn wirklich glaubte er mit seinem 6000 Mann starken Korps jedem Frontalangriff begegnen zu können. Nur die Sicherung seiner rechten Flanke empfahl er vorzüglich der Avantgarde der Hauptarmee, die man im Vorrücken, und schon in der Gegend von Blankenhayn und Ilm, nur einen kurzen Marsch von Saalfeld, glaubte, weil nach den noch am Tage vorher Statt gefundenen Entschlüssen, die Hauptarmee in ein Lager bei Blankenhayn rücken sollte. Nicht Ahnung eines unglücklichen Ausgangs, sondern der seinem Charakter angemessene Widerwille gegen Postengefechte, in welchen man den bloßen Vertheidiger zu machen genöthigt ist, veranlaßte den Prinzen zu der Vorstellung an den König, den Posten von Saalfeld der zunächst stehenden Division von der Hauptarmee übergeben zu dürfen, um seinerseits zu den Operationen des Fürsten von Hohenlohe mitwirken zu können. Daß bei den neuerlichen Abänderungen der Entschlüsse, die Avantgarde der Hauptarmee um mehr als einen Marsch von Saalfeld entfernt war, war dem Prinzen eben so unbekannt, als das für ihn nachtheilige Verhältniß der Hohenlohschen Armee, welche bei der Nichtgenehmigung der projectirten Offensivbewegung gegen Schleitz, nicht, wie man sich schmeichelte, im Thal der Saale in Kolonnen concentrirt stand, sondern noch erst bei Jena und Kahla versammelt werden sollte. Eines nahen Soutiens im Rücken versichert, vertraute der Prinz vor der Hand kühn seinen eigenen Kräften, und empfahl die Sicherung seiner rechten Flanke nochmals dem General Pellet, an den ein Officier mit dem Befehl abgeschickt ward, von Blankenburg aus alle Wege, die nach Gräfenthal und dem Sattelpaß führten, zu beobachten und durch Patrouillen zu rekognosciren. Die Wichtigkeit des Auftrags recht anschaulich zu machen, fügte der Prinz die Bemerkung hinzu, er werde völlig unbesorgt für das, was außer seinem Gesichtskreise auf der rechten Seite vorgehen könnte, seine Maßregeln nehmen, so lange er vom General Pellet keine Nachricht von dortiger Annäherung des Feindes erhielte. Als das Gefecht bei Saalfeld sich schon lebhaft engagirt hatte, kam der Bescheid vom General Pellet, daß er den Befehl erhalten habe. Hiermit aber verschwindet dieser General vom Schauplatz. Man hat erst einige Tage nachher gehört, daß er ebenfalls angegriffen, und nach einem lebhaften Gefecht mit ansehnlichem Verlust aus Blankenburg vertrieben wurde. Verschwunden für die Armee des Fürsten von Hohenlohe, zu der das Bataillon von Pellet gehörte, erschien es plötzlich wieder unter der großen Anzahl der Bataillone des königlichen Heeres. - Die Stellung, welche der Oberst Rabenau bei Saalfeld genommen hatte, war den Umständen angemessen. Etwa eine Kompagnie der Füsiliere und die Jägerkompagnie standen vor der Stadt auf einer sanften Anhöhe dergestalt, daß sie die Debouches aus dem Gebirge übersehen konnte; Jäger-Detachements waren selbst bis in die Debouches vorpassirt. Der Rest des Füsilierbataillons, und bei ihm die Sechspfünder- und halbe reitende Batterie, war etwas weiter rückwärts, gewissermaßen in zweiter Linie, ebenfalls auf einem sanften Abhange placirt, und lehnte seinen linken Flügel an die Stadt. Drei Eskadrons Husaren standen truppweise auf dem rechten Flügel etwas vorwärts gegen die Ausgänge aus dem Gebirge. Auf den Höhen des rechten Saalufers bei Alt-Saalfeld stand das Füsilierbataillon von Rühle. Es ward, da es nichts vom Feinde gegen sich hatte, nachmals mit in die Stellung vor der Stadt auf das disseitige Ufer gezogen.

Es war eigentlich nicht die Absicht des Prinzen, seine Artillerie sogleich in Position aufzustellen. Sie sollte vielmehr mit zu der bei Schwarza sich versammelnden Kolonne stoßen, mit welcher der Prinz erst nach näherer Entwicklung der Plane des Feindes handeln, und wahrscheinlich erst bei wirklich erfolgtem Angriff des Avantpostens von Saalfeld zum Soutien vorrücken wollte. Der kommandirende Offizier der Artillerie hatte aber aus guter Meinung mehr gethan, als man verlangte, war anstatt in seinem Nachtquartier Schwarza die sich daselbst versammelnden Truppen ruhig abzuwarten, gleich mit Tagesanbruch vorgerückt und hatte sein Geschütz vor der Front des Bataillons placirt. Die Sache einmal geschehen, würde ein Wiederzurückziehen der Batterie den üblen Eindruck schwankender Maaßregeln gemacht haben. Man ließ also die genommene Position gelten, fand aber eine verhältnißmäßig stärkere Truppenanzahl zur Deckung der Batterie nothwendig. Es wurde daher aus der Kolonne noch das Regiment Churfürst Infanterie herbeigeholt und in der rechten Flanke des Füsilierbataillons dergestalt placirt, daß es gegen die westliche Thalhöhe der Saale Front machte. Da das Terrain vor und auf der linken Seite der Stadt für Kavallerie günstig war, und man wußte, daß der Feind mit dieser Waffe stark versehen war, so erhielt auch das Bataillon sächsischer Husaren Befehl vorzurücken, und ward theils vor der Stadt hinter dem linken Flügel der Füsiliere und Jäger, theils bei der schon stehenden Kavallerie auf dem rechten Flügel aufgestellt. -

Ein Umstand verdient hier noch erwähnt zu werden, weil er die Haupthandlungen der preußischen Operationen charakterisirt. Es waren in Rudolstadt sowohl als in Saalfeld ansehnliche Furagemagazine angelegt. Dies war in Hinsicht auf die vorgehabte Offensivbewegung durch den Thüringer Wald geschehen und ganz dazu geeignet, dem Feinde diesen Plan zu verrathen. Bei der Jahreszeit, in der man sich befand, hätte selbst eine preußisch-sächsische Armee, ungeachtet ihrer übergroßen Anzahl von Train- und Bagagepferden in den gefüllten Scheunen der Grafschaft Henneberg und des fruchtbaren Frankens den ihr nöthigen Fouragebedarf gefunden. Man würde daher in mehreren Rücksichten wohl gethan haben, den Einwohnern Sachsens die Lasten der Lieferung und des Anfahrens zu ersparen. Jetzt auf die Defensive zurückgeworfen, zeigte sich nun gar die auffallende Erscheinung eines Magazins auf den Vorposten, eigentlich recht für den Feind etablirt. Man hatte verabsäumt, es den Tag vorher wegzuschaffen und es erst jetzt auf eine Menge Wagen geladen, die in den Straßen von Saalfeld die Passage sperrten und für die durchmarschirenden Truppen ein wahres Impediment wurden. Eine nicht absehbare Konfusion würde entstanden seyn, hätte der Feind die vor der Stadt aufgestellten Truppen mit Uebermacht angegriffen, während man mit der größten Anstrengung beschäftigt war, den mit Ochsen bespannten Train aus der Stadt zu treiben und auf Rudolstadt in Marsch zu setzen, wo er erst am Abend dem Feind in die Hände fiel.

Erst gegen 10 Uhr, als die obenerwähnten Anordnungen in der Stellung getroffen waren, und als eben das Füsilierbataillon von Rühle durch die Stadt, nach der feindlichen Seite geführt, defilirte, fielen die ersten Schüsse bei den Vorposten der Jäger. Der Feind drang gleich mit einem Schwarme von Tirailleurs vor, bemeisterte sich des Debouches der Straße von Gräfenthal, und marschirte mit geschlossenen Trupps auf der Höhe hinter demselben auf. Die Jäger verließen das Terrain nur Fuß vor Fuß, und standen in lebhaftem Feuer mit der überlegenen Anzahl der feindlichen Tirailleurs. Um diese dreister zu machen und sie in die Nähe unserer, in der Ebne wartenden Kavallerie zu locken, zog der Prinz die Jäger bis an ihre Haupttrupps zurück.

Bald zeigte es sich, daß der Feind sein Augenmerk vorzüglich auf die rechte Flanke des Preußen hatte. Seine Linie von Tirailleurs und Flanqueurs mit Husaren vermischt dehnte sich immer weiter links aus, und schien die Seitenpatrouille einer Kolonne zu seyn, welche man oben auf dem Kamm der westlichen Thalhöhe der Saale, gegen das Thal der Schwarza zu, marschiren sah. Der Prinz, der bis jetzt sich bei den Jägern und Füsilieren vor der Stadt aufgehalten hatte, begab sich hierauf nach dem rechten Flügel der zweiten Linie, wo die Artillerie bereits angefangen hatte, den hinter dem Debouché der Gräfenthaler Straße sich zeigenden Feind mit ziemlichen, doch nicht entscheidendem Effekt zu beschießen. Bald setzte der Feind eine Batterie entgegen, die am Abhange der Höhe mit der preußischen ziemlich in gleichem Niveau auffuhr, und mehr gegen die Truppen, als gegen die Artillerie agirte. Die Kavallerie vor dem rechten Flügel verlor einige Mann und Pferde, welches den Prinzen veranlaßte, sie zurück zu nehmen. Da ihm von der vor der Stadt stehenden Kavallerie gemeldet ward, daß sie durch die feindliche Kanonade beträchtlich litt, so befahl er, daß sie sich in die Stadt zurückziehen und in Kolonne mit der tête am Thor auf der Straße halten sollte, à portée auf den Feind zu fallen, wenn er sich auf die Ebene vorwagte.

Der Prinz rekognoscirte das Terrain vor seinem rechten Flügel. Nur von zween Adjutanten begleitet, hielt er sich hier zwischen seiner und der feindlichen Linie auf, beobachtete den Marsch des Feindes und den Gang des Gefechts auf den Höhen vor der Stadt, das daselbst sich lebhafter engagirte, indem die Jäger und Füsiliere von einer überlegenen Menge Tirailleurs hart gedrängt wurden, die der Feind durch geschlossene Linien soutenirte. Auch die feindliche Artillerie rückte vor und etablirte sich auf einer Anhöhe, welche die Jäger hatten verlassen müssen, von wo sie mit Effekt die ganze preußische Linie beschoß. Die Jäger und Füsiliere mußten nothwendig unterstützt werden, wollte man die Anhöhen vor der Stadt behaupten. Doch es war gefährlich, sich mit einem zu großen Theil des Korps auf diesem Punkt in ein Gefecht einzulassen, während der Feind mit seinem linken Flügel auf den Höhen in beständigem Marsch gegen das Schwarzathal blieb und den Truppen bei Saalfeld den Weg nach Rudolstadt abzuschneiden drohte. –

So sehr der Prinz bei diesen Umständen die Schwierigkeit einsah, den Posten von Saalfeld zu behaupten, so unangenehm war ihm der Gedanke, ihn zu verlassen. Es war schon drei Uhr Nachmittags. Konnte man sich noch einige Stunden halten, so machte die einbrechende Nacht vielleicht dem Gefecht ein Ende; die herannahende Hauptarmee, oder die im Thale der Saale vorausgesetzten Kolonnen des Fürsten von Hohenlohe änderten vielleicht die Verhältnisse zu unserem Vortheil. Eine Nachricht von der einen oder der andern Armee ward in jedem Augenblicke erwartet, und der rechte Flügel des Korps im Schwarzathal war noch nicht vom Feinde erreicht. Alle diese Gedanken veranlaßten den Prinzen, mit dem Rückzuge noch etwas zu zögern.

Eine Maßregel mußte aber getroffen werden, die Bewegung des Feindes zu hemmen. Dazu schien die zweckmäßigste, die auf der Höhe marschirende Kolonne geradezu anzugreifen. Konnte man sich auch wegen der steilen Höhen keinen entscheidenden Erfolg bei diesem Angriff versprechen, so diente er doch dazu, den Feind zu versuchen. Ließ er seine Kolonne auf der Höhe halten, um gegen das Thal Fronte zu bieten, so war die Absicht, Zeit zu gewinnen, erreicht. Ließ er sich aber in seinem Marsch gegen unsere rechte Flanke nicht stören, so war es Zeit, auf den Rückzug zu denken. Dies war das Raisonnement des Prinzen, als er die vier sächsischen Bataillone vom Reg. Churfürst und Xavier bestimmte, um gegen die Thalhöhe der Saale zu avanciren. Der Fuß derselben auf der nordwestlichen Seite wird von einem kleinen, in die Schwarza sich ergießenden Bache durchschnitten, an welchem ein Dorf liegt. Der Weg längs am Kamm des Gebirgs, indem er sich gegen das Thal der Schwarza wendet, geht durch dies Dorf und wird von einer, rechterhand liegenden waldigten Anhöhe übersehen. Auf diese Höhe ward das sächsische Regiment Prinz Clemens mit einigem Geschütze gestellt, um dem entworfenen Angriff zum Stützpunkt zu dienen. Die vier Bataillons wurden Echellon weise in Bewegung gesetzt, so daß der linke Flügel refusirt blieb. Zehn Eskadrons Husaren blieben im zweiten Treffen auf dem Terrain vertheilt, die Bataillons zu decken.

Bei einer zweckmäßigen Organisation und Taktik würde man diesen avancirenden Bataillons eine Menge von Schützen haben vorangehen lassen, die im Lauf den Fuß der Anhöhen gewonnen und die daselbst stehenden feindlichen Tirailleurs verjagt hätten. Die geschlossenen Bataillone wären in raschem Schritt und in Kolonnen gefolgt, und man hätte, ohne diese soutenirenden Kolonnen vom kleinen Gewehrfeuer leiden zu lassen, die feindlichen Tirailleurs nach ihrer Kolonne hinaufgedrückt. Die preußische, und noch viel weniger die sächsische Armee hat sich aber einer zweckmäßigen Organisation und Taktik zu erfreuen. Man hat sie ihre Schützen noch nie zweckmäßig brauchen sehen. So waren denn auch jetzt die zu Schützen ernannten 50 Mann von jedem der sächsischen Bataillone zum größten Theil detachirt worden, und man begnügte sich, in geschlossener Front und in dem sogenannten Geschwindschritt zu avanciren. In dieser Bewegung einer entfernten Aehnlichkeit mit dem französischen pas de charge liegt das Geheimniß, mit einem großen Aufwand von Kräften nur wenig Terrain zu gewinnen. Dem von der Höhe herab Alles übersehenden Feinde mochte es daher wohl sogleich einleuchten, daß es mit dem Angriff nicht ernstlich gemeint sey. Dazu kam die avancirende Linie in das Feuer der feindlichen Tirailleurs, welches bei dem großen Ziel, das sie darbot, nicht ohne Effekt seyn konnte. Das feindliche Feuer durch kleines Gewehrfeuer erwiedern zu wollen, würde den ganzen Lauf der schwerfälligen Maschine sogleich gehemmt haben. Man antwortete daher nur durch Kartäschschüsse der avancirenden Bataillonskanonen, welche bekanntlich gegen einzelne, durch Bäume und Zäune gedeckte Leute nicht von Wirkung sind.

Desto stärker war die Wirkung des feindlichen Feuers auf die Gemüther der jungen, noch größtentheils unversuchten Soldaten, für die es allerdings eine harte Probe war, ihre Kameraden neben sich niederstrecken zu sehen, ohne ihrerseits dem Feinde Kugeln schicken zu dürfen. Es entstand daher ein Schwanken in einigen der Bataillone, ein Zurückbleiben der Flügel, wodurch unwillkührliche Kolonnen sich erzeugten. Der Prinz, dessen Aufmerksamkeit es nicht entgangen war, daß der ganze Angriff nicht die gehoffte Wirkung hervorbrachte, befahl, die Bataillons aus dem Feuer zurückzuziehen. Dieser angetretene Rückzug artete aber in ein Laufen aus, das in solchen Fällen, wie der gegenwärtige, wo kein verfolgender Feind eine augenblickliche Wiederherstellung der Ordnung fordert, vielleicht ganz zweckmäßig ist, daß aber einem Auge, an das ehrwürdige Dekorum der altpreußischen Taktik gewöhnt, nie anders als anstößig seyn kann. Wie sollte es auch nicht das Gefühl empören, gleich in der ersten Aktion des Krieges dem Feinde das Schauspiel laufender Bataillone zu geben. Man bemühte sich daher mit aller Kraft, den übereilten Rückzug des einen Bataillons bis zu der Geschwindigkeit des gewöhnlichen Marsches zu retardiren. Gewaltsame Mittel und Vorstellungen, die den Nationalstolz erregen konnten, wurden angewendet. Endlich wirkte das Benehmen des Prinzen, der das Bataillon Front machen, zum Avanciren Marsch schlagen ließ, und sich selbst an die Spitze setzte. Indeß war es nicht die Absicht zu avanciren; es ward also wieder Halt gemacht, als die Ordnung wieder hergestellt war. Mehrere Todte und Verwundete durch das fortwährende Feuer der feindlichen Tirailleurs fielen hier als Opfer für die Ehre der Nation.

Es war ein natürlicher Gedanke, einzelne Leute aus den Bataillons vorzuschicken, den Rückzug des ganzen gegen die feindlichen Tirailleurs zu decken. Der Prinz wollte dies bewerkstelligen, indem er das gewöhnliche: Freiwillige vor! kommandirte. Das vorerwähnte Bataillon, das durch seinen nicht vortheilhaften Debut sich beschämt fühlen mochte, und einige Empfindlichkeit gegen die preußischen Offiziere der Suite des Prinzen blicken ließ, die es vorher mit einigen harten Worten vorwärts getrieben hatten, ergriff diese Gelegenheit, eine rühmliche Genugthuung zu nehmen. Es erscholl in den Gliedern: „die Sachsen sind alle freiwillig!" und das Bataillon fieng an, ohne kommandirt zu seyn, wieder zu avanciren. Mit gebührendem Lobe wurde dieser Eifer erkannt. Da er aber dem eigentlichen Zwecke nicht entsprach, so wurde nur ein Zug vorwärts kommandirt, den man vor der Front des Bataillons egarpilliren wollte. Völlig unmöglich aber war es den braven, aber nur an den gewöhnlichen Gang des Exerzierplatzes gewöhnten Männern diese Idee zu versinnlichen. Man mußte sie also aufgeben und sich mit der Lehre begnügen, daß es nicht möglich ist, die Taktik des Herkommens in den Momenten des Gefechts zu verändern.

Wenn ich meine Leser in das Detail dieses Gefechts führte, so wollte ich sie auf die in der taktischen Einrichtung liegenden Ueberlegenheit des Feindes über die deutschen Truppen aufmerksam machen, welche, ohne daß höhere moralische Eigenschaften mitzuwirken brauchen, seine Siege begründen. Ich wollte die Ehre der Nation retten, und glaube bei dem unbefangenen Beobachter meinen Zweck zu erreichen. Die sächsischen Krieger kann meine getreue Darstellung nicht beleidigen. Die Preußen, nicht viel gewandter in Bewegungen als sie, haben ihnen nichts vorzuwerfen. Die tapferste Nation aber ist den nothwendigen Wirkungen der natürlichen Umstände auf das menschliche Herz unterworfen. Kein Kriegsmann von Erfahrung wird daher von einem Bataillon verlangen, daß es geschlossen und unbeweglich in einem Feuer von gezielten Schüssen stehen, oder in kadancirtem Schritt einhergehen soll. Tirailleurs müssen das Feuer der feindlichen Tirailleurs auf sich ziehen! Das ist die Forderung, die jede geschlossene Infanterie, soll sie Kontenanz zeigen, zu machen hat. –

Dies war übrigens der berühmte Angriff, über dessen Verwegenheit man dem verewigten Prinzen Vorwürfe gemacht hat. Augenzeugen werden nicht verwegene Kühnheit, sondern nur ruhiges Raisonnement und kalte Entschlossenheit in seinen Handlungen dieses Tages bemerkt haben. Die Nothwendigkeit ihm einleuchtend, beschloß er den Rückzug; und mit einer Deutlichkeit, und einer Klarheit der Ideen, welche den sich stets gegenwärtigen Feldherrn charakterisiren, ertheilte er die näheren Befehle dazu. „General Bevelaqua", (der das Regiment Prinz Clemens, auf der obenerwähnten waldigten Höhe, dem Stützpunkt des rechten Flügels, befehligte), erhält den Auftrag, diesen Posten „gegen jeden Angriff des Feindes zu behaupten. Das Regiment von Müffling, (preußischer Infanterie, beim Dorfe Schwarza postirt), dient zu seinem Soutien. Das Dorf, am Fuße jener waldigten Höhe, sollte unverzüglich mit einem Bataillon besetzt werden. Hauptmann Kleist, Generaladjutant des Prinzen, führt sogleich dies Bataillon dahin. Die übrigen drei Bataillons Sachsen ziehen sich sogleich zurück, nach jenem sichtbaren Abhange, wo sie Posto fassen, mit dem rechten Flügel an dem besetzten Dorfe, mit dem linken gegen die Saale. Hier werden sie die Artillerie aufnehmen. Die 10 Escadrons werden diese neue Stellung in der Ebene decken. Alle diese Anordnungen übertrage ich Ihnen, General Trütschler!" sagte der Prinz zu diesem anwesenden Kavalleriegeneral der Sachsen. „Ich reite nun vor, zu sehen, wie es bei den Truppen vor der Stadt aussieht." Nur von einem Adjutanten begleitet sprengte der Prinz dahin. Aber schon am Thor, nach zurückgelegter langer Vorstadt, begegneten ihm ein Theil der Jäger und Füsiliere, welche von dem mit Macht herangedrungenen Feind zurückgetrieben, den verdeckten Weg längs dem Stadtgraben eingeschlagen hatten, die Stadt rechts lassend, deren Thore man in der Geschwindigkeit barricadirte. Einige Trupps Jäger und Füsiliere hielten sich noch vor der Stadt, oder zogen sich fechtend, mit Ordnung zurück. Der Prinz stellte Ruhe und Ordnung unter den wie gewöhnlich mit großem Lärme herbeigekommenen Flüchtlingen wieder her. Er hieß sie durch die Vorstadt gehen, und auf der Höhe am Ausgange daselbst sich endigenden Hohlwegs Posto fassen. Sein ruhiges, würdevolles Benehmen wirkte augeblicklich auf die Truppen.

Die dringende Gefahr der nun eingetretenen Lage war jetzt seiner Seele sehr gegenwärtig. Die Umstände und die Menschen sehr richtig beurtheilend, hatte er schon vorher gegen den ihn begleitenden Officier geäußert, wie übel es sey, daß es der Armee an Generalen fehle, welche dem Oberfeldherrn zu helfen verstehn. Dieser kann nicht an allen Punkten zugleich seyn. Und, setzte er hinzu, wer nimmt sich der Sache an, wenn ich bleibe? Mögen die würdigen tapfern Generale, Unterfeldherrn dieses Heeres, die getreue Erzählung dieser Aeusserungen des verewigten Helden, demjenigen nicht übel deuten, der in seinen letzten schönen Momenten an seiner Seite war. Einen übergebenen Posten, es koste war es wolle, zu behaupten, ihr Regiment an den Feind zu führen, und der Pflicht und Ehre jede Rücksicht der Selbstliebe aufzuopfern, das vermögen freilich die alten versuchten Krieger. Jede Truppenart aber zweckmäßig zu gebrauchen, den Unwissenden auf der Stelle zu unterrichten, den Wankenden durch kaltes gleichmüthiges Betragen zu unterstützen, und eigenes belebendes Feuer dem Ganzen mitzutheilen, dazu gehört freilich mehr Stärke des Willens und der Thatkraft als die beschränkten Ansichten des friedlichen Garnisonsdienstes, und die Last der Jahre, zu geben vermögen. Der Prinz besaß jenen Grad von Seelenstärke, welche allen Handlungen einen gewissen edlen Abstand und eine Würde verleiht, die auch in den entscheidensten Momenten den Helden bezeichnen. Das Getümmel in der Stadt, das immer stärker werdende Feuer, und die an den Thoren sich ereignenden mannigfaltigsten Durchkreuzungen und Mißverständnisse, konnten doch nicht eine Bewegung in ihm erzeugen, welche die auf ihn blickenden schwächeren Gemüther hätte beunruhigen können. Es schien Absicht, daß er gerade jetzt nur langsamen Schritts durch die Vorstadt zurück ritt, wo er am Ausgange mit einer bewundernswürdigen Gelassenheit den Knäul auseinander wickelte, den ein, hier sehr am unrechten Ort, halten gebliebener Kavallerietrupp erzeugt hatte. Auf dem freien Felde, bei der noch feuernden Batterie angelangt, ward diese Gelassenheit auf eine noch härtere Probe gesetzt. Ein im Hohlwege zerbrochenes Kanon verhinderte die Batterie sich in Marsch zu setzen. Die Bataillone, welche den rückwärts bezeichneten Posten auf der Höhe, bei dem Dorf, besetzen sollten, krochen in ungewissen sich schlängelnden Bewegungen dahin; die Kavallerie stand zerstreut, und ohne Einheit des Planes auf dem Felde umher, und General Bevelaqua, auf dem von ihm behaupteten Stützpunkt des rechten Flügels, stand schon im lebhaftem Feuer. Gleichwohl wäre es nöthig gewesen, schon vom Augenblick der befohlenen Retraite an, die rückwärts liegende concentrirtere Stellung zu beziehen, und das den Marsch der Batterie hindernde Kanon, war es nicht wieder herzustellen, lieber augenblicklich zu zertrümmern. Gewohnheit und Vorurtheil geben aber oft dem einzelnen Kanon den ihn nicht gebührenden Rang der Trophäe, und halten seinen Verlust, dem der Fahne gleich, für einen Verlust an der Ehre. Man hatte daher auch hier eine beträchtliche Zeit verloren, dem gefallenen Kanon wieder aufzuhelfen, und endlich gelang es der eigenen Thätigkeit des Prinzen, die ganze Artillerie in Abzug zu setzen. Sie zu decken ward dem vor dem Debouché der Vorstadt postirten Füsiliren überlassen, während die in zweiter Linie gestandenen Kompagnien von Rabenau, und das Bataillon von Rühle, in bester Ordnung auf dem Wege nach Rudolstadt fortzogen, und als Replié für die Arriergarde, in einiger Entfernung hinter ihr aufgestellt wurden. Das Schicksal des Tages hieng jetzt an wenigen Augenblicken. Hätte man nur soviel Zeit gewinnen können, die Batterie in der bezeichneten Stellung zu etabliren, hätte ein zweiter Seydlitz die Kavallerie gesammelt, und im Mittelpunkte des Schlachtfeldes haltend, den Punkt ersehen, wo Hülfe nöthig war, so würde der nachdringende Feind vielleicht Bedenken getragen haben, sich in der Ebene in ein Gefecht einzulassen, wo die preußisch sächsische Kavallerie, gehörig geleitet, ihm immer überlegen seyn wird.

Es hat sich aber in der preußischen Kavallerie eine Stellungsart eingeschlichen, welche ihren ersten Ursprung dem gesuchten Glanz auf Exercierplätzen verdankt, die Stellung mit großen Intervallen, für den Zweck angewendet, ein Terrain auf eine sinnliche Weise zu decken. Ein Kavallerietreffen, in einzelne Schwadronen auf eine solche lustige Weise vertheilt, ist nicht geeignet, dem Wink und Wort eines Einzigen zu folgen, und wird einem in Masse vordringenden Reuterhaufen, wäre er auch minder gewandt und schnell, nie Widerstand leisten können. In diesem unglücklichen Verhältniß befand sich auch die preußisch sächsische Kavallerie, auf dem Felde von Saalfeld. Der Prinz, dem das nachtheilige der Lage wohl einleuchten mochte, war mit dem wesentlichen Punkt, der Infanterie und Artillerie ihre Bestimmung anzuweisen, zu lebhaft beschäftigt gewesen, um in eigener Person zweckmäßige Anordnungen bei der Kavallerie treffen zu können. Jetzt war es überhaupt fast zu spät, eine Veränderung in der Schlachtordnung vorzunehmen, weil die feindliche Kavallerie, in concentrirten Kolonnen, schon aus zween aus dem Gebirge herabkommenden Ravins debouchirte. Diese Kavallerie hatte oben auf der Thalhöhe des rechten Saalufers im Walde verdeckt gehalten, und konnte wohl keinen glücklichern Moment treffen, um in diesem Kriege zu debütiren, als den gegenwärtigen, wo noch kein Trupp der im Rückzug begriffenen Preußen in Position stand. Zwei Kanons der reitenden Artillerie standen rückwärts in Reserve. Diese eilte man herbeizuholen, um die nur in Kartätschschußweite sich entwickelnde feindliche Kavallerie zu beschießen. Ein seltenes Zusammentreffen ungünstiger Umstände machte aber, daß gerade der schändlichste aller Artillerieunterofficiere dieses Geschütz befehligte. Als hätte er das Haupt der Medusa gesehen, blieb er unbeweglich, eben so die nur seinen Winken gehorchenden Knechte, trotz aller Mißhandlungen, die man anwendete. Die anrückende französische Kavallerie bestand aus zwei Husarenregimentern, die in zwei Treffen, eines dicht hinter dem anderen, die Escadrons en muraille geschlossen, sich entwickelten, und bloß in kurzem Trapp, ihre Attake gerade nach der Saale, auf das längs derselben eben im Marsch begriffene Infanterieregiment Churfürst, richteten. Das Regiment bewies eine musterhafte Contenanz. Ohne ein Quarré zu machen, mit einem bloßen Halt Front! (es marschirte rottenweise) empfieng es die Attake mit einer Generalsalve, die den Feind stutzen machte. Das Regiment gewann Zeit sich zu concentriren, und der Feind drang nicht ein. Einige Truppe der preußisch sächsischen Kavallerie, die dem angegriffenen Regiment à portée standen, glaubten schnell helfen zu müssen, und warfen sich wild gegen die linke Flanke des eben von der sächsischen Infanterie mit Feuer begrüßten Feindes. Dieser Angriff aber, ohne Einheit, ohne Anordnung, von jedem Trupp einzeln, wie der ungeregelte Muth des Anführers es eingab, unternommen, mußte an der überwiegenden Masse des Feindes scheitern, der mit seinem ganzen Regiment zweiter Linie sich links schwenkte, den anlaufenden Truppen zu begegnen. Diese, leicht zurückgeworfen, wurden von der ganzen Masse des Feindes verfolgt; die Unordnung der Fliehenden theilte sich den noch Stand haltenden mit, und so war es denn natürlich, daß durch den Andrang der Fliehenden und Verfolgenden, die in der Seite gefaßte luftige Linie aufgerollt, und wie im Strome fortgerissen ward. So stürzte sich der ganze Schwarm bei dem im Weg defilirenden Geschütz vorbei. Umgeworfene Kanons, Knechte mit den Pferden davon jagend, brachten eine Verwirrung hervor, die der Kenner sich leicht ausmahlen wird. In dieser Melée, wo preußischer, sächsischer und französischer Husar, durcheinander ritten, hatte jedes Kommando seine Wirkung verloren. Der Prinz hatte gleich anfangs, um den Fehler des übereilten Angriffs zu verbessern, was er von Reuterhaufen sammeln konnte, gesammelt, und sich dem Feinde entgegengestürzt, hoffend, die Flüchtigen werden, durch sein Beispiel belebt, Stand halten. Daß sie es nicht thaten, mag der Druck der überwiegenden Masse entschuldigen, dem, selbst bei dem besten moralischen Willen, der einzelne weichen mußte.

Die Gefahr, der die Person des Prinzen in diesem Gefechts ausgesetzt war, ward um so größer, je mehr sie sich vor allen andern auszeichnete. Ein Schwung der Gedanken, unserem calculirenden Zeitalter, und der neuern Art zu fechten freilich nicht angemessen, mochten ihn den Schmuck der Orden, und dem hohen

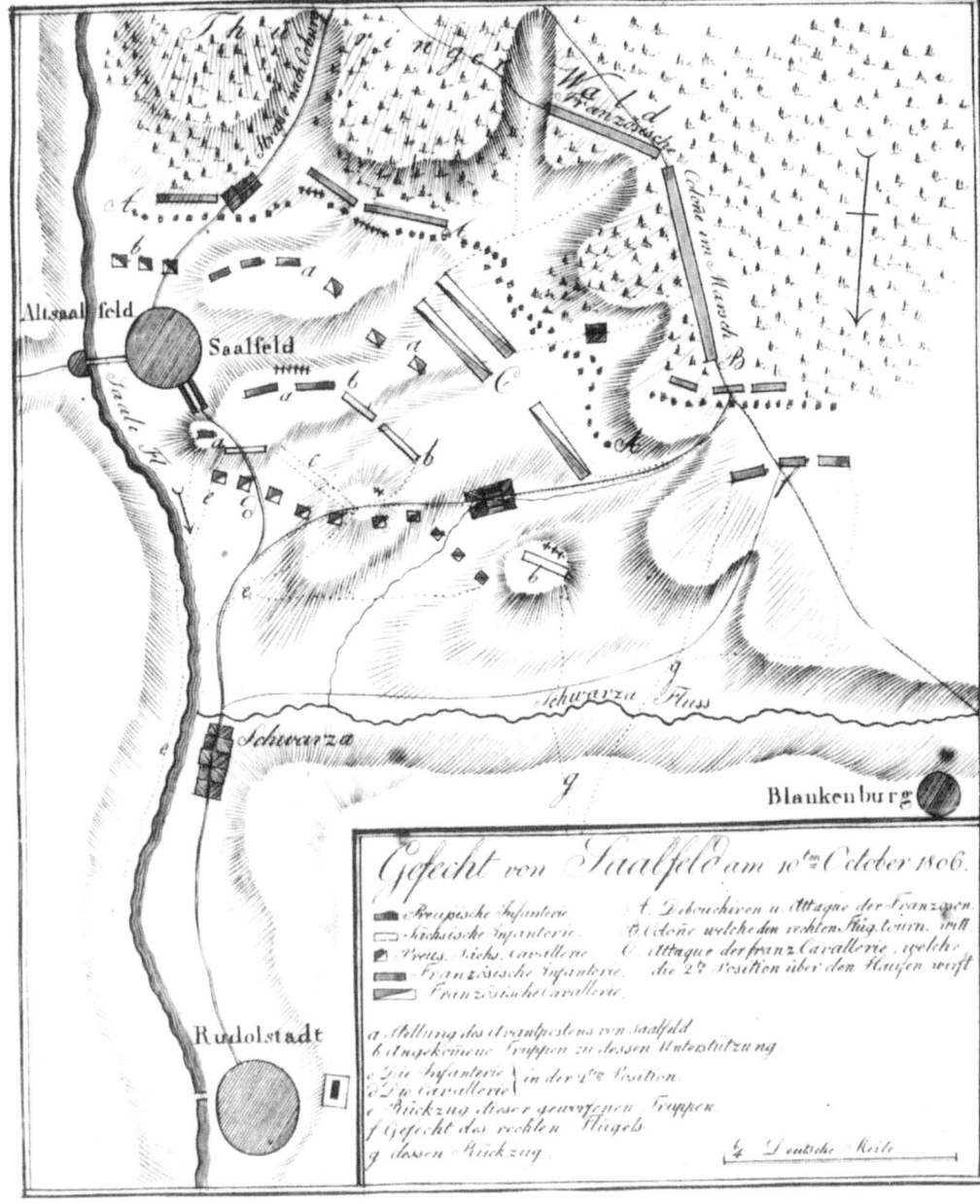

Abb. 3: Karte zu G.W. v. Valentini, *Das Gefecht bei Saalfeld an der Saale* (Königsberg 1807)

Federbusch auf dem Hute, am Tage des Gefechts, mit Absicht wählen lassen, um den Seinigen auf dem Weg der Ehre voranzuleuchten. Erst als alle Bemühungen vergeblich waren, den Strom der Flüchtlinge zu hemmen, als er sich der Gefahr ausgesetzt sah, dem Feind in die Hände zu fallen, da erst schien die Wichtigkeit seiner Person recht lebhaft vor seiner Seele zu stehn, denn er bedeckte mit dem Hut den Orden auf seiner linken Brust, und suchte so sich dem Getümmel zu entreißen. Die noch Stand haltenden Truppen, der im Gefecht begriffene rechte Flügel, bedurften seiner Leitung. Sie wurde ihnen nicht. Ein Stich, von einem der ihn anfallenden feindlichen Husaren, tödtete den Helden, der den Tod der Gefangenschaft vorzog. Sein Leichnam, vom Pferde sinkend, ward von zwei seiner Adjudanten unterstützt. Mit Hülfe eines Husaren bemühten sie sich, die theuren Reste dem Feinde zu entreißen. Die Uebermacht desselben machte es unmöglich. So schmerzlich auch das Frohlocken des Feindes über die köstliche Beute war, so gebot doch die Pflicht zu den Truppen zu eilen, um in Nahmen des verewigten Helden zu wirken. Man verhehlte den Truppen seinen Tod.

Auf die Kavallerie war für den Augenblick nicht zu rechnen. General Trütschler, der sie führte, hatte mit großer Tapferkeit sich gegen mehrere Feinde vertheidigt, und blieb schwer verwundet auf dem Schlachtfelde. Oberst Kapphengst, ein thätiger einsichtsvoller Officier, ebenfalls verwundet, war keine mächtig gebietende Stimme vorhanden. Das Geschütz ward dem Feinde überlassen. Da bei dem enger werdenden Terrain gegen Schwarza das Gedränge der Fliehenden sich vermehrte, so hatten einige derselben den Durchritt durch die Saale versucht. Dieser Richtung folgte der ganze Schwarm, und fand auf dem jenseitigen Ufer zwar auch ein enges Terrain, nicht geeignet sich zu formiren; doch wagte es der Feind nicht, durch den Strom nachzusetzen, und die Kavallerie gewann Zeit, sich weiter unterhalb, gegen Rudolstadt hin, wieder zu sammeln. Durch diese Flucht der Kavallerie war die Stellung in ihrer Mitte gesprengt, und dem linken Flügel der Rückzug auf dem gewöhnlichen Wege abgeschnitten. Die sächsischen Regimenter Churfürst und Prinz Xavier, und die von allen Seiten gedrängten Füsiliere, nahmen daher gleichfalls den Weg durch die Saale. Nur einige fanden ihren Tod in den Wellen, mehrere aber durch das sie verfolgende kleine Gewehrfeuer der Tirailleurs. Einzelne durchs Wasser laufende Füsiliers wurden von nachsetzenden Husaren niedergehauen. Gefangen wurden nur wenige, außer den beiden Obersten, Chefs der Füsiliere, die, weil ihre Pferde nicht durchs Wasser gehen wollten, vom Feinde gegriffen wurden. Einigen Infanterietrupps gelang es, längs dem linken Ufer der Saale, das Dorf Schwarza zu erreichen. Hauptmann Kleist sammelte diese Flüchtlinge, und vereinigte sie mit einem schwachen hier stehen gebliebenen Rest des Regiments von Müffling, mit welchem er das Dorf behaupten wollte, den rechten Flügel bei seinem Rückzuge aufzunehmen.

Mißverständnisse und fehlerhafte Maßregeln bei diesem Flügel waren eine natürliche Folge seiner Entfernung vom Heerführer. Das Infanterieregiment von Müffling, welches seiner Bestimmung als Reserve gemäß, hätte concentrirt bleiben, und nur als zweites unterstützendes Treffen des Regiments Prinz Clemens hätte gebraucht werden sollen, und so noch ein Mittel gewesen seyn würde, dem Feinde einen Damm entgegen zu werfen, war in Kompagnien vereinzelt, zu einer unzweckmäßigen Ausdehnung des rechten Flügels gebraucht worden. Alle diese einzelnen Posten waren von der bereits erwähnten längs der Höhe marschirenden Kolonne lebhaft angegriffen, und jetzt im Rückzuge begriffen, den sie noch in ziemlicher Ordnung, doch mit Hinterlassung einer Batterie, bewerkstelligten, die freilich in diesem Terrain nicht wohl fortzubringen war. Der Feind verfolgte lebhaft seine Kolonnen mit breiter Front, und wie gewöhnlich Schwärme von Tirailleurs voran.

Um mit dem rechten Flügel einen ordentlichen Rückzug machen zu können, hätte man die Truppen längs dem Schwarzathal, den Fluß abwärts dirigiren müssen. Die feindlichen Husaren waren aber schon bis gegen das Dorf vorgedrungen. Zwar wurden sie durch das Feuer aus demselben zurückgewiesen. Man hätte aber, um das Dorf zu erreichen, eine Ebene passiren müssen, auf welcher man dem Angriff der wiederkehrenden Kavallerie ausgesetzt gewesen wäre. Auch näherte sich die feindliche Infanterie, deren Ueberlegenheit es leicht fallen mußte, das Dorf wegzunehmen. Es war also wohl die beste Partie, den Soldaten seinem natürlichen Instinkt zu überlassen, welcher ihn gerade rückwärts trieb. Der Schwarzafluß ward mit leichter Mühe durchwatet, und ohne einer besondern Aufforderung dazu zu bedürfen, erkletterten die Soldaten, mit den Händen sich helfend, die steile Thalhöhe des nördlichen Ufers. Niemand auf diesem Wege konnte dem aus der Tiefe hinausschauenden Feinde in die Hände fallen. Auf diesem Wege retteten sich die Regimenter Prinz Clemens und Müffling. Ersteres war vor der einbrechenden Nacht schon wieder in Ordnung, und ward von seinem Kommandeur bis nach den Quartieren der Hauptarmee, die nunmehr vorgerückt war, zurückgeführt. Von hier aus erreichte es zwei Tage darauf die Armee des Fürsten von Hohenlohe. Das Regiment Müffling nahm den Weg nach seinem gehabten Quartiere, Remda und Stadt Ilm, und ward von hier aus der Armee zugeführt. Der linke Flügel, hinter der Saale in Sicherheit, konnte sie auf dem gewöhnlichen Wege erreichen.

Den Verlust der Preußen und Sachsen anzugeben, ist fast eben so schwer als den des Feindes. Die bald darauf erfolgte Schlacht von Jena verwischte fast die Erinnerung vom Treffen vor Saalfeld. Indeß gereicht es den bei Saalfeld geschlagenen Truppen zum bleibenden Ruhm, daß sie mit Tapferkeit und Ordnung bei Jena wieder fochten. Die sächsischen Husaren, in dieser Schlacht, vernichteten ein französisches Chasseurregiment. Diese braunen Husaren behaupteten ihren alten Ruhm. Sie nahmen nicht Theil an der Kapitulation von Prenzlow, und wirken mit, bei den glücklicheren Operationen der russisch-preußischen Armee im östlichen Preußen.

Friedrich Carl Ferdinand von Müffling

BERICHT ÜBER DAS GEFECHT BEI SAALFELD AM 10. OCTOBER 1806

Nach dem Einrücken der Königl. Preuß. Armee in Sachsen und der Vereinigung mit den Sächsischen Truppen, rückte sie über die Sächs. Landesgrenze vor, und die Avantgarde des Fürst Hohenlohischen Armeekorps unter Commando des Prinzen Louis Ferdinand von Preußen formierte sich am 7. Octbr. 1806 zwischen Arnstadt und Saalfeld in den Cantonier-Quartieren, und hielt die Gebirgspässe beim Oberhof, bei Suhle, Frauenwalde, Kahlert und Gräfenthal besetzt. Diese Avantgarde bestand aus

10 Escadrons Preuß. Husaren
            vom Regt. Schimmelpfennig,
1 reutenden Preuß. Batterie von Gause, unter dem
            Preuß. Generalmajor von Schimmelpfennig,
1 Preuß. Füsilier-Bataillon von Pellet,
1   „   „   „   von Rühle,
1   „   „   „   von Rabenau,
2   „   Fußjäger-Compagnien
            Cap. Massars und Valentini,
            unter dem Preuß. Generalmajor von Pellet,
8 Escadrons Sächs. Husaren,
1 Preuß. Fuß-Batterie Riemann, unter dem Sächs.
            Generalmajor von Trützschler,
2 Preuß. Mousq. Bataillons von Müffling,
2 Sächs.   „   „   Churfürst,
2 Sächs.   „   „   Prinz Clemens,
1   „   FußBatterie Hoyer,
            unter dem Sächs. Generalmajor Bevilaqua,

also
18 Escadrons Cavallerie, 9 Bat. 2 Comp. Inf. u.
3 Batterien, wozu in der Folge noch
2 Sächs. Battailons Prinz Xavier kamen.

Von diesen Avantgarde-Truppen stand nun der Preuß. Generalmajor von Schimmelpfennig mit 5 Escadrons Husaren seines Regiments auf dem rechten Ufer der Saale, bei Oppurg zwischen Pößneck und Neustadt an der Orla, um die linke Flanke des Prinzen Louis zu decken und um dem Preuß. Generalmajor von Tauenzien, welcher am 7. Oct. genöthget war, mit seinem schwachen Corps Hof zu verlassen, und sich am 8. Oct. früh nach Schleitz zu ziehen, zum Replié zu dienen.

Den 8. Oct. drangen die französischen Armeecorps weiter gegen die Ober-Saale vor, und bemeisterten sich des überaus wichtigen Sattelpasses bei Gräfenthal, und der Brücke bei Saalburg.

Der Prinz Louis (wahrscheinlich von der Stärke des gegen ihn vorrückenden Französischen Armeecorps nicht genau unterrichtet) faßte den Entschluß, dem Feinde, der ihn angreifen wollte, entgegen zu gehen, ein Treffen zu liefern und den Posten von Saalfeld, wo sich ein Magazindepot befand, fest zu halten.

Am 9. Oct. Abends concentrirte der Prinz das Corps bei Rudolstadt, lies jedoch die sämtlichen Husaren-Posten auf dem Gebirge von Oberhof an bis Kahlert; den Generalmajor von Schimmelpfennig mit 5 Escadrons seines Regiments bei Oppurg, und den Generalmajor von Pellet mit 3 Battaillons Preuß. Füsseliers, 1 Comp. Fußjäger, einer halben reitenden Preuß. Batterie von Gause, und 3 Escadrons Sächs. Husaren, letztere unter dem Obristlieut. Frhr. von Ende, bei Blankenburg stehen.

Zur Verstärkung der Avantgarde aber, zog der Prinz, die in und bei Rudolstadt cantonnirenden 2 Sächs. Musq. Bataillons Prinz Xavier an sich. Von dem Fürst von Hohenlohe erhielt der Prinz Louis an diesem Tage den ausdrücklichen Befehl: „bis zur Ankunft des Generallieutenants von Blücher, (der die Avantgarde des Königs commandirte) die Posten von Blankenburg und Rudolstadt zu behaupten, sodann aber solche diesem General zu übergeben, mit seinem Corps in die Gegend von Pößneck zu rücken, und dort den Generalmajor von Schimmelpfennig wieder an sich zu ziehen, wo der Prinz alsdenn bestimmt sey, die Avantgarde des rechten Flügels von dem Hohenlohischen Armeecorps zu formiren, indes der Preuß. Generalmajor von Tauenzien bei Schleitz dieselbe Bestimmung für den linken Flügel erhalten würde."

Der Fürst von Hohenlohe machte den Prinz Louis zugleich mit dem Plane bekannt, daß er Willens sey den 10. Oct. mit seinem Armeecorps die Saale zu repassiren, dasselbe bei Triptis oder Auma zusammen zu ziehen, und den Feind, wenn er ihn in dortiger Gegend finden würde, anzugreifen, so wie, daß des Königs Armee sich am nämlichen Tage bei Blankenhayn in engere Quartiere ziehen werde.

Indes griff der Marschal Prinz von Ponte-Corvo schon am 9. Oct. des Nachmittags den Generalmajor von Tauenzien bei Schleitz an und drängte ihn bis Auma zurück, - der Französische Marschall Lannes aber zur nämlichen Zeit die Vorposten des Prinzen Louis bei Gräfenthal und drängte sie bis gegen Saalfeld zurück.

In der Nacht vom 9. zum 10. Oct. ward Saalfeld mit 2 Preuß. Füsselier-Bataillons Rühl und Rabenau, einer halben reutenden Batterie Gause, einer Compagnie Fußjäger, und 3 Escadrons von Schimmelpfennig Husaren besetzt, und der Prinz Louis nahm sein Hauptquartier in Rudolstadt.

Am 10. Oct. des Morgens wurden die Preuß. Vorposten bei Saalfeld wieder angegriffen.

Der Prinz Louis formirte hierauf sein Corps zwischen Rudolstadt und Volkstädt in einer rechts abmarschirten Colonne, und ging früh um 7 Uhr auf der Chaussee gegen Saalfeld, nachdem er eine Compagnie vom Infanterie-Regimente Prinz Xavier an der Saalbrücke bei Rudolstadt zurückgelassen hatte, in folgender Ordnung ab:

5 Escadr. Sächs. Husaren
    Sämtliche Schützen, und
1 Comp. vom 1sten Bat. Churfürst,
    unter dem Sächs. Generalmajor von Trützschler,
2 Bataill. Sächs. Mousq. Churfürst,
2   "   "   " Churfürst,
1 Sächs. Fuß-Batterie Hoyer,
2 Bataill. Sächs. Mousq. Prinz Clemens,
2   "   Preuß. Mousq. v. Müffling,
    unter dem Sächs. Generalmajor Bevilaqua.

Die Colonne passirte Volkstädt und Schwarza, und ging zwischen Crösten und Wölsdorf durch, wo sie Vormittags gegen 9 Uhr Halt machte.
Jedes Bataillon marschirte durch nach und nach Rechts-Einschwenken dergestalt in Linie auf, daß die Bataillons in folgender inversen Ordnung vom rechten Flügel gerechnet zu stehen kamen:
2tes Sächs. Bataillon Prinz Clemens,
1stes   "   "   Prinz Clemens,
1 Fuß-Batterie Hoyer,
2tes   "   Bataillon Prinz Xavier,
1stes   "   "   Prinz Xavier,
1stes   "   "   Churfürst,
2tes   "   "   Churfürst.
Die 2 Preuß. Bataillons von Müffling wurden als Reserve hinter dem Sächs. Infanterie-Regimente Prinz Clemens in zweiter Linie, und
Die 5 Escadrons Sächs. Husaren in 3ter Linie aufgestellt.
Das Dorf Crösten lag vorne rechts seitwärts;
Das Dorf Wolsdorff in gleicher Richtung hinter dem rechten Flügel, und
Das Dorf Grabe links seitwärts hinter dem linken Flügel, so daß die Linie gegen das hohe und mit dichten Waldungen bedeckte Gebirge (welches von dem Rande des Waldes an sanft gegen Saalfeld, Crösten und Schwarza herabfällt, und hier mit dem gebirgigten rechten Saalufer einen weiten flachen Kessel bildet) Front machte, die Saale aber fast in paralleler Richtung hinter dem Rücken dieser Linie blieb.

Beim Eintreffen in diese ganz besondere Stellung fand der Prinz Louis 2 Comp. Preuß. Füsseliers mit 2 Kanonen von der reutenden Batterie Gause, 1 Escadron Preuß. Husaren vom Regiment Schimmelpfennig, und die Fuß-Batterie Riemann zwischen dem Rabensteine und Saalfeld aufmarschirt, jenseits der Stadt aber 1 und ein halbes Bataillon Preuß. Füseliere in eben dieser Stellung zwischen Saalfeld und Kirz, 2 Kanonen von Gause auf ihrem rechten Flügel, und 2 Escadrons Schimmelpfennig Husaren nebst 1 Comp. Fußjäger in zweiter Linie, bereits mit dem Feinde engagirt; - denn das Armeecorps des Marschall Lannes war von Gräfenthal her in mehreren Kolonnen gegen Saalfeld auf der Landstraße über Euba, auf dem Herrschaftswege über Arnsgereuth und auf der hohen Straße über Wittgendorff und Wittmannsgereuth vorgerückt.
Der Marschall Lannes besetzte mit einem Theile der Division Suchet die beim Ausgange des Waldes am Fuße des Gebirges in flachen Schluchten gegen Saalfeld zu gelegenen Dörfer Rothenthal, Tiefenreich und Gernsdorff, etablirte eine reutende Batterie zur linken des letztern Dorfes, und eine rechts des Dorfes Beulwitz, mit welchen er die ober und unterhalb Saalfeld aufmarschirten Truppen lebhaft beschoß, indes ein Theil seiner Infanterie, unterstützt von Cavallerie-Trupps sich zwischen dieser Batterie am Saume des Waldes in dünnen Tirailleur-Linien ausbreitete, der größte Theil derselben aber nebst der Cavallerie in Colonnen verborgen, theils im Walde, theils in Schluchten blieb.
Das Terrain war für die Französische Fechtart besonders vortheilhaft - die Truppen hatten eine überhöhende, das ganze Saalthal von Saalfeld bis Schwarza völlig übersehende Stellung genommen; der Prinz Louis aber hatte einmal den festen Entschluß gefaßt, den Feind, wenn er gegen ihn anrücke - anzugreifen, und ihm ein Treffen zu liefern, - er beharrte fest bey diesem Entschlusse, und nichts, selbst der Tages vorher von dem Fürst von Hohenlohe erhaltene Befehl, konnte ihn vermögen ihm zu entsagen, er glaubte mit Zuversicht zu siegen, meldete dem Fürst von Hohenlohe: daß er sich den Umständen nach zu diesem Entschlusse genöthiget sähe, lies ihn durch den Sächsischen Husaren-Officier Wagner von der Lage, in welcher er sich gegen den andringenden Feind befinde, und daß er gezwungen sey sich zu schlagen, unterrichten, und um den schleunigsten Succurs ersuchen.
Zwischen 9 und 10 Uhr mußten 3 Escadrons Sächs.-Husaren unter Anführung des Obristen von Pflugk durch Saalfeld marschiren, und zu den oberhalb dieser Stadt postirten Truppen stoßen, wo der Sächs. Generalmajor von Trützschler diese drei Escadrons zur rechten der zwei Preußischen Husaren-Escadrons von Schimmelpfennig in zweiter Linie aufmarschiren ließ.
Zwei Escadrons Sächs. Husaren unter Commando des Majors von Gablenz, nebst einer Escadron Preuß. Husaren von Schimmelpfennig und zwei Compagnien Preuß. Füseliere blieben diesseits Saalfeld, jene beim Rabensteine, diese nahe am Thore, wo der Weg von

Crösten einfällt, zur Deckung der daselbst placirten Preußischen Batterie Riemann und zweier Kanonen von der reutenden Batterie Gause zurück.

Dem Sächs. Infanterie-Regimente Churfürst ertheilte der Prinz den Befehl, ebenfalls durch Saalfeld zu gehen und zu den oberhalb der Stadt stehenden leichten Truppen zu stoßen, - aber ehe noch dieses Regiment in die Stadt eintrat, ward es beordert, zur Deckung der Preußischen Batterie Riemann, und zur Beobachtung einer vom Gebirge zwischen Saalfeld und Wölsdorf auslaufenden flachen Schlucht diesseits der Stadt zu bleiben. Dieß Regiment marschirte nun ohngefähr um 10 Uhr Vormittags mit weiten Interwallen zwischen den Bataillons, um das Terrain auszufüllen, hinter der Batterie - die beiden linken Flügel-Compagnien unter dem Major von Steindel aber rechts derselben auf, - die beiden Kanonen von Gause placirten sich auf den rechten Flügel dieser beiden Compagnien, und die Schützen gingen debandirt in der oberwähnten Schlucht vor.

Die zwischen Saalfeld und Kirz postirte Cavallerie war, ohne agiren zu können, dem feindlichen Kanonen- und Tirailleur-Feuer außerordentlich ausgesetzt, und erlitt vielen Verlust; der Sächs. General von Trützschler lies es dem Prinzen melden und darauf antragen: daß er mit seiner Cavallerie Saalfeld repassiren dürfe, weil sie dort mit größern Vortheilen würde gebraucht werden können. Der Prinz hielt es aber für nöthig, die Cavallerie noch stehen zu lassen.

Das Manöver des Französischen Heeres erklärte sich nun immer mehr und mehr, es suchte die oberhalb Saalfeld postirten Truppen als den linken Flügel fest zu halten, und die ganze Fronte der Stellung des Prinzen durch Tirailleurs zu beschäftigen - um sich immer mehr links zu ziehen, die rechte Flanke des Prinzen zu umfassen und ihn von der Schwarza abzuschneiden.

Dem Prinzen konnte die Absicht des Französischen Heeres eben so wenig entgehen, als er darauf aufmerksam gemacht ward, daß die Gegenmacht der diesseitigen weit überlegen, und daß es also wohl nicht rathsam sey, in diesem für das schwache Corps viel zu weitläufigen Terrain des Gefecht fortzusetzen, wenn nicht mit Gewißheit auf schleunige Unterstützung zu rechnen stehe. Auch erhielt der Prinz durch den Sächs. Lieut. von Egidy, welchen er Tages vorher an den Fürst von Hohenlohe abgeschickt hatte, und der am 10. Oct. Mittags gegen 11 Uhr zurück kam, von dem Fürst von Hohenlohe den wiederholten mündlichen Befehl: „daß er ja in der am 9. Oct. genommenen Position bei Rudolstadt stehen bleiben, und nicht angreifen solle", und hiernächst lies der Fürst dem Prinzen noch sagen: „daß er befehligt wäre, die Linien zu behaupten, die der Saalgrund deckte, er hoffe daher, daß der Prinz die Vorposten von Ilmenau nicht zurückgezogen haben würde, weil dadurch eine Lücke auf des Königs Armee träf. - Der König habe sein Hauptquartir den 9. Oct. nach Blankenhayn verlegt, wo sich der rechte Flügel anstütze, der linke Flügel des Königs Armee reiche bis Ilm, er der Fürst werde sein Hauptquartir den 1o. Oct. nach Kahle verlegen, diesen Tag aber noch sich nach Neustadt begeben, sodann von da aus die ganze Linie bereisen, und bei dieser Gelegenheit den Prinzen sehen." -

Um nicht von der Schwarza abgeschnitten zu werden, lies der Prinz Louis das 2te Bataillon von Müffling schleunigst nach Schwarza zurück marschiren, um die dasige Brücke über die Schwarza zu besetzen, sodann aber ein Bataillon dieses Regiments mit der Sächsischen Batterie Hoyer nach Aue abzuschicken, und die hinter diesem Dorfe liegende Höhe, der Sandberg genannt, zu besetzen.

Das Sächß. Infanterie-Regiment Prinz Clemens mußte dem Preußischen 1sten Bataillon von Müffling folgen, und ward zwischen Aue und Crösten aufgestellt, um die Verbindung zwischen diesem Bataillon und den ohnweit Crösten bleibenden Sächs. Infanterie-Regimentern Churfürst und Prinz Xavier zu unterhalten.

Das Sächß. 2te Bataillon Prinz Clemens detachirte eine Division zur Deckung der Batterie von Hoyer auf dem Sandberg, wo er sich zur Rechten der Batterie, und des 2ten Bataillons von Müffling, Front nach Aue zu, postirte.

Das Sächß. Inf.-Regiment Churfürst mußte sich indeß wieder mit dem Inf. Reg. Xavier auf den linken Flügel desselben alligniren, und ließ nur den Major von Steindel mit zwei Compagnien bei der Preußischen Batterie Riemann zurück.

Der Prinz Louis glaubte nunmehro seine rechte Flanke gesichert zu haben, und zum entscheidenden Angriffe vorgehen zu können, - er ließ zu dem Ende die Sächß. Infanterie-Regimenter Prinz Xavier und Churfürst en

Echelon vom rechten Flügel Bataillonsweise avanciren - wobei sich anfangs rechts gezogen, und alsdann die Direction links verändert ward, so daß der rechte Flügel mit dem Dorfe Beulwitz in gleiche Höhe kam. Die französischen Truppen waren indeß verdeckt und ungesehen bis Beulwitz vorgegangen, wo die aus den dasigen Gärten vorbrechenden Tirailleurs das auf dem rechten Flügel befindliche Sächß. Infanterie-Regiment Prinz Xavier in der rechten Flanke heftig beschossen, während die bei diesem Dorfe aufgefahrne Batterie fortfuhr, dieses Regiment in der linken Flanke ununterbrochen zu beschießen, so, daß es sich genöthiget sah, Halt zu machen und zu feuern. Bei dem sich immer vermehrenden Feuer des Feindes kam es aus der Linie, gerieth in Unordnung und ward nach Crösten zurückgeworfen.

Das Inf. Reg. Churfürst, welches von den Tirailleurs auch heftig beschossen ward, zog sich - in der Vermuthung, daß das Regt. Xavier den Rückzug auf erhaltenen Befehl angetreten habe - ebenfalls zurück; da aber bald bemerkt ward, daß er keinen Befehl zum Rückzug habe, so machte das Reg. Churfürst sogleich wieder Halt und Front - und formirte mit den beiden Flügel-Compagnien des 2ten Bataillons, welche der Hauptmann von Boblick commandirte, und mit der linken Flügel-Compagnie des 1sten Bataillons eine Flanke, um sich gegen die nunmehro auf diesen Flügel eindringenden Tirailleurs zu decken.

Bald darauf ordnete der Prinz den weitern Marsch des Infanterie-Regiments Churfürst an, bei welchem es wegen des überaus heftigen Tirailleur-Feuers von Beulwitz her, von selbst die linke Schulter vor, und hierdurch die Direction auf Grabe nahm; Während dem Marsche erhielt dieß Regiment den Befehl, den Feind, der indeß von Beulwitz her, ungesehen in der Schlucht fortlaufend bis Crösten vorgedrungen war, aus diesem Dorfe zu vertreiben.

Das Regiment Churfürst that dieß mit eben so ausgezeichneter Entschlossenheit als Bravour: es schwenkte sich im Retiriren sogleich mit Sectionen links und marschirte so in Colonne renversée hinter der Fronte des sich indeß wieder formirten Infanterie-Regiments Prinz Xavier weg, gegen Crösten, drang, nachdem sich an der Tête ein sehr lebhaftes Klein-Gewehr-Feuer engagirt hatte, unter Anführung des Obristlieutenant von Hartitzsch und Majors von Zeschau mit dem Bajonnet in das Dorf ein, und trieb die feindlichen Tirailleurs bey dem tapfersten Widerstande bis gegen Beulwitz zurück.

Gegen 12 Uhr des Mittags postirte sich dieses Regiment theils in den Gärten des Dorfes Crösten gegen Beulwitz zu, Theils rechts außerthalb Crösten gegen Aue. -

Das Inf. Reg. Xavier deckte indes die Fronte und Flanke des Regiments Churfürst durch Freiwillige unter Anführung des Pr. Lieutenants Schmidt.

Während dies hier vorging, waren die oberhalb Saalfeld postirten Husaren-Escadrons nebst den zwei Kanonen von Gause auf wiederholten Antrag des Sächß. Gen. Maj. von Trützschler von da abgerufen, und in weiten Intervallen Escadronweise zwischen Wölsdorf und Saalfeld, die zwei Kanonen auf dem rechten Flügel derselben, aufgestellt worden, - eine Escadron Sächß. Husaren unter Commando des Rittmeister Frhr. von Lobkowitz allein war oberhalb Saalfeld bei den Preußischen Füsilieren, zu deren Deckung zurückgeblieben.

Die von Tiefmich und Garndorff vorbrechenden französischen Truppen, und das immer näher rückende Artilleriefeuer derselben nöthigte endlich die Füsiliere, ihren mit vieler Standhaftigkeit behaupteten Posten zu verlassen, und sich durch Saalfeld ebenfalls auf Wölsdorf zu ziehen, wobei sie und die Husaren-Escadron, welche deren Rückzug deckte, beträchtlichen Verlust erlitten.

Die Preuß. Batterie Riemann und zwei Kanonen von der reutenden Batterie Gause, welche zwar ununterbrochen, doch ohne besondern Erfolg gefeuert hatten, traten um diese Zeit mit den beiden Compagnien des Sächs. Inf. Reg. Churfürst unter Commando des Majors von Steindel, da die den Preuß. Füsilieren durch Saalfeld nachdringenden Feinde ihren Rücken bedrohten, ebenfalls den Rückzug nach Wölsdorf an.

Ein tiefer ungebahnter Hohlweg, in welchem eine umgeworfene Kanone den Weg versperrte, hielt den Marsch der Artillerie nahe vor Wöhlsdorf so auf, daß sich der Major von Steindel genöthigt sah, ohnweit des Dorfes am Hohlwege wieder aufzumarschiren.

Um 1 Uhr rückten wieder französische Tirailleurs gegen Crösten von allen Seiten vor, und drückten das daselbst stehende brave Inf. Reg. Churfürst, nachdem es sich eine geraume Zeit in diesem Dorfe gehalten und tapfer vertheidigt hatte, nunmehro aber in seiner rechten Flanke umgangen sah, mit solcher Gewalt zurück, daß es der Uebermacht weichen und sich links bei Wölsdorf vorbei nach der Saale werfen mußte, wo es sich aber sogleich wieder formirte.

Das Sächs. Inf. Reg. Xavier, ebenfalls von neuem angegriffen, folgte dem Reg. Churfürst durch Wölsdorf durch nach und warf sich in die dasigen Gärten.

Der Sächs. Generalmajor von Trützschler zog nun auch die übrigen Husaren-Escadrons zurück und stellte selbige anfangs von Wölsdorf dieseits des vorerwähnten Hohlweges in einer Linie, bald darauf aber jenseits des Hohlweges, um die Fronte durch dieselben zu decken, in zwei Linien auf.

Auch die bei Aue postirten Truppen wurden zur Zeit des Angriffs auf das Sächs. Inf. Reg. Churfürst, und zwar das Preuß. 1ste Bat. von Müffling und die Sächs. Batterie Hoyer durch vorschwärmende Tirailleurs, welche theils durch Aue, theils durch den Wald vorbrachen, das Sächs. Inf. Reg. Clemens aber hauptsächlich durch Cavallerie angegriffen.

Die unter dem Pr. Lieut. von Werther vom Inf. Reg. Clemens, in dem vor der Fronte dieses Regiments gelegenen kleinen Gehölze mit vieler Entschlossenheit und Standhaftigkeit fechtenden Schützen, zu deren Unterstützung noch eine halbe Division von genanntem Regimente vorgegangen war, hatten bis dahin den kräftigsten Widerstand geleistet.

Das Inf. Reg. Clemens eilte während der Zeit, um zur Unterstützung der Sächs. Batterie Hoyer die Höhe zu erreichen, das 1ste Bat. ward in der Marschcolonne von Französischer Cavallerie mehrmals angegriffen, zum Theil zerstreuet und zum Theil gefangen; dem 2ten Bat. aber gelang es den Sandberg zu erreichen. -

Das 1ste Preuß. Bat. von Müffling hatte sich schon gegen die Schwarza herabgezogen und die Sächs. Batterie Hoyer war bereits in feindlichen Händen.

Es erhielt daher das 2te Bat. Prinz Clemens von dem Sächß. General Bevilaqua des Befehl, dem Preuß. 1sten Bat. von Müffling zu folgen; ehe es aber noch zu diesem Bataillon stoßen und die Schwarze erreichen konnte, ward es von französischer Cavallerie tournirt und größtentheils auseinander gesprengt; der Ueberrest dieses Bataillons warf sich zwischen die Schwarze und Blankenburg, ging durch die Schwarze und suchte das jenseitige hohe und sehr steile Ufer zu ersteigen; der General Bevilaqua gerieth dabey in feindliche Gefangenschaft.

Der Prinz Louis, der nunmehr seine ganze Infanterie geworfen sah, faßte den Entschluß, mit den bei Wölsdorf hinter dem Hohlwege postirten 5 schwachen Escadrons Husaren, die gegen 2 Uhr Nachmittags gegen ihn anrückende feindliche Cavallerie in dem ihm günstig scheinenden Augenblicke, als ein mit vieler Entschlossenheit auf 40 bis 50 Schritt Distanz angebrachtes Feuer der von dem Major von Steindel commandirten zwey Compagnien des Reg. Churfürst die anrückende feindliche Cavallerie zum Umkehren genöthiget hatte, zu attaquiren.

Der Prinz führte bei diesem Angriffe die Cavallerie selbst an - der Angriff geschah mit aller Entschlossenheit; aber auch dieser letzte Versuch mißlang - denn kaum hatte der Prinz mit seiner Cavallerie die sich wieder gesetzte Französische Cavallerie geworfen, als eine andere Linie, aus dem 9ten und 10ten Husaren-Regimente formirt, der diesseitigen Cavallerie entgegenrückte, die hinter dem Flügel ihrer Fronte folgende Colonnen entwickelte und die Linie der diesseitigen Cavallerie auf beiden Flanken umfaßte.

Dieses Manoeuver und die Unebenheit des Terrains bewirkte Unordnung und Verwirrung - und der Prinz selbst gerieth in ein persönliches Handgemenge mit einem Marechal de Logis (Wachtmeister) vom 13ten Regimente, welcher den Prinzen durch einen Stich in den Leib verwundete, dieser Wunde ohnerachtet focht der Prinz noch einige Zeit, bis er, von mehrern schweren Blessuren getroffen, todt in die Arme eines seiner Adjutanten, des Lieut. von Nostitz, sank. -

Auch der brave Sächß. General von Tützschler und der würdige Commandeur des Sächß. Husaren-Regiments, Obrister von Pflugk, welche sich bei diesem Gefechte ausgezeichnet hatten, wurden zu der nehmlichen Zeit schwer blessirt und der letztere gerieth in Gefangenschaft.

Der schleunigste, allgemeine Rückzug der Truppen ward nun unvermeidlich. Die beiden braven Compagnien des Inf.-Reg. Churfürst, unter dem Major von

Steindel wurden von der gedrängten Cavallerie überritten, von der nachfolgenden feindlichen Cavallerie theils zusammengehauen, theils, nebst dem größten Theile der Preuß. Batterie von Gause und Riemann, gefangen genommen; die Cavallerie mußte in einzelnen Troups durch die Saale retriiren, so wie die Infanterie, größtentheils zersprengt, schleunigst zu retiriren gezwungen ward, wobei auch noch einzelne Infanteristen ihre Gewehre auf die nachhauende Französische Cavallerie abfeuerten; und der Capitain des Sächß. Inf. Reg. Prinz Xavier, von Seydewitz, hatte die Entschlossenheit, mit seiner bei Wölsdorf postirten halben Division dem Feinde noch eine volle Decharge zu geben, wodurch er den Rückzug seiner halben Division erleichterte.

Das jenseitige hohe, steinigte und waldige Ufer, in welches sich die Infanterie warf, verhinderte den Feind, dieselbe bei der weitern Retirade über Prielieb und Cumbach nach Rudolstadt zu verfolgen. Die Cavallerie folgte der Infanterie am Fuße des Gebirges bis unter Prielieb hin, und suchte von hier ebenfalls über das Gebirge durch Ober-Prielieb und Cumbach die Saalebrücke bei Rudolstadt zu erreichen, und dieß gelang nur wenige Minuten vor Ankunft der feindlichen Cavallerie, welche auf der Chaussee über Schwarze, woher sich das Preuß. Bataillon von Müffling bereits eiligst nach Rudolstadt gezogen hatte, längs dem linken Saal-Ufer nachgefolgt war.

Unterhalb Rudolstadt wurden die dahin retirirten Truppen gesammelt und von da, diesen Tag noch die Retirade bis Orlamünde, in der darauf folgenden Nacht bis Kahle fortgesetzt.

In Kahle befand sich der Fürst von Hohenlohe in seinem Hauptquartier und befahl: daß die von dem Gefecht bei Saalfeld zurückgekommenen Truppen insgesamt nach Jena marschiren sollten, woselbst sie denn mit den am 11. Oct. von Mittelpöllnitz her ebenfalls bei Jena eingetroffenen Sächsischen Truppen, und dem am 9. Oct. bei Schleitz gefochtenen Tauenzienschen Corps die Nacht vom 11. auf den 12. Oct. im Mühlenthale en bivouac zubrachten, den 12. Oct. aber Erhohlungsquartiere in den, hinter der Fronte des Lagers bei Capellendorf gelegenen Dörfern bezogen.

Das zwischen Blankenburg und Schwarza durch den Schwarzafluß gegangene 1ste Bataillon von Müffling, und das 2. Bat. Prinz Clemens, wovon noch ein Theil auf dem linken Ufer der Schwarza gefangen ward, welcher um dem mühsamen Ersteigen der schroffen Höhe auszuweichen, die Absicht gehabt hatte, sich am Fuße derselben nach Rudolstadt zu wenden, retirirte gegen Remda, und den folgenden Tag gegen Erfurth, von wo das 2. Bat. Prinz Clemens erst am 14. Oct. früh am Tage der Schlacht bei Jena, beim Sächs. Truppen-Corps wieder eintraf.

Der Preuß. Gen. Maj. von Pellet, welcher bei Blankenburg stand, setzte sich am Tage des Gefechts bei Saalfeld, auf erhaltene Ordre des Prinzen Louis, mit den unterhabenden Truppen des Morgens um 8 Uhr zwar gegen Saalfeld in Marsch, begab sich aber auf erhaltene Contreordre sofort wieder zurück nach Blankenburg, wo er die Passage über die Schwarza behaupten, und durch Diversiones auf die linke Flanke des Marschal Lannes zu würken suchen sollte. -

In Blankenburg blieb der General mit den bei sich habenden Füselieren und der halben reutenden Batterie Gause stehen, bis der mit 3 Escadrons Sächs. Husaren und die Preuß. Jäger-Compagnie vor der Brücke daselbst postirte Obristlieut. von Ende Nachmittags genöthigt war ihn zu veranlassen, zu seiner Unterstützung vorzurücken.

Die Preuß. Füseliere und Jäger nahmen hierauf am Wege nach Unterwirbach eine Stellung in einem kleinen Busche, neben welchen die Sächs. Husaren dergestalt aufmarschirten, daß ihre Stärke dem Feinde ungewiß blieb.

Aber die Französische Cavallerie, welche dem 1sten Bat. von Müffling und dem 2ten Bat. Prinz Clemens gefolgt war, wendete sich, nachdem sie Verstärkung und einige reutende Artillerie an sich gezogen hatte, gegen das Pelletische Corps, während Französische Infanterie durch das Thal der Wirbach zog und tirailirend aus dem Dorfe Unterwiebach und dem Holze vorbrach.

Nach einem hartnäckig geleisteten Widerstande, wobei die diesseitigen Truppen viele Blessirte durch Kanonen- und Tirailleur-Feuer erhielten, zog der General von Pellet - von dem unglücklichen Ausgang des Gefechts bei Saalfeld unterdessen unterrichtet - die Füseliere und Jäger, nebst der halben Batterie über die Brücke und durch die Stadt zurück. Die Sächs. Husa-

ren folgten nach, und deckten den Rückzug des Pelletischen Corps.
Dieses Corps nahm seinen Rückzug auf Ilm, ging den folgenden Tag am 11. Oct. bis Blankenhayn, und traf den 12. Oct. bei dem Armeecorps im Lager bei Capellendorf ein, wo es die Bestimmung erhielt, die Verbindung zwischen den Vorposten des linken Flügels an der Saale und des rechten Flügels zu erhalten.
Der Königl. Preuß. Gen. von Schimmelpfennig blieb am Tage des Gefechts bei Saalfeld, am 10. Oct. bei Pösneck, wohin er mit den unterhabenden Truppen vorgerückt war, stehen; - nachdem er aber gegen Abend gewahr ward, daß die Französische Armee bei Verfolgung des Tauenzienischen Corps von Schleitz bis gegen Triptis und Neustadt vorrückte und daher in seinem Rücken operirte, so zog er sich in der Dunkelheit der Nacht nach Kahle zurück, vereinigte sich daselbst in der Nacht vom 10. auf den 11. Oct. mit dem aus der Gegend von Neustadt abgezogenen Füselier-Bataillon von Boguslawsky, blieb bis zum Abend des 11. Oct. zur Deckung dieses Punktes in und bei Kahle stehen, und als die Französischen Truppen an diesem Abend auch bis dahin vorrückten, war er ebenfalls weiter nach Jena gezogen.
So war und so endigte sich das Gefecht bei Saalfeld und ward durch die Folgen von größter Wichtigkeit. Saalfeld und hierdurch die Scheidung zweier wichtiger Straßen - links im Saalthale über Rudolstadt, Orlamünde und Kahle nach Jena, rechts über Pösneck, Neustadt und Großebersdorff nach Gera - kam nun, nach dem Siege der Französischen Truppen in dem Gefecht bei Saalfeld, in ihren Besitz und das Corps des Prinzen Louis war fast aufgelöset, wenigstens für die nächsten Tage unbrauchbar gemacht.

Mit dem Prinzen Louis, einem der entschlossensten, muthvollsten und tapfersten Preuß. Heeresanführer, sank eine der größten Hoffnungen des Heeres dahin - der Tod dieses so verehrten Prinzen erregte allgemeine Bestürzung. Der Verlust des Gefechts bei Saalfeld und bei Schleitz, die sichtbare Ueberlegenheit der Französischen Armee und der einreißende Mangel an Verpflegung für Menschen und Vieh würkten vereinigt mit hin, auf den unglücklichen Ausgang der Schlacht bei Jena.

Erklärung der Situationskarte

(Vergleiche die Kartenbeilage zu diesem Heft)

Das Französische Armee-Corps rückte nach Forcirung des Sattelpasses bey Gräfenthal auf den Wegen **a, b, c** gegen Saalfeld vor; der Prinz Louis rückte von Rudolstadt her auf **d** entgegen und nahm gegen 9 Uhr früh mit den bey sich habenden Truppen die Stellung **1**, und mit den vorgefundenen Truppen unter- und oberhalb Saalfeld die Stellung **2**. Er verstärkte letztere sogleich mit 3 Escadrons Husaren in der Stellung **3**, welche in der Stellung **4** bereits mit dem Feinde engagirt und von dessen Batterien beschossen wurden.
Das Sächs. Infanterie-Regiment Churfürst ward hinter und neben die Preuß. Batterie in No. **5** postirt.
Gegen 10 Uhr avancirte das Corps in **6**.
Da der Feind den linken Flügel nur beschäftigte, um mit seiner Hauptmacht den rechten zu tourniren: so ward das 2te Bataillon von Müffling zur Deckung der Brücke bei Schwarze nach **7**, das 1ste Bataillon aber mit der Sächs. Batterie auf dem Sandberg hinter Aue nach **8**, so wie das Regiment Prinz Clemens nach **9**, zur Unterhaltung der Communication detachirt.
Gegen 11 Uhr avancirten die wieder in **10** allignirten Regimenter Churfürst und Prinz Xavier en Echelon **11** gegen Beulwitz.
Der Feind im Besitz des Dorfes Beulwitz nöthigte die Reg. Churfürst und Prinz Xavier zur Retirade **12** und **13**.
Das Regiment Churfürst marschirte hinter dem in **14** wieder vorrückenden Regiment Xavier weg, delogirte den Feind aus Crösten, und setzte sich in **15**.
Die oberhalb Saalfeld stehende Cavallerie war indeß mit der unterhalb befindlichen in **18** aufgestellt worden, auch war die vorher in **6** gestandene Preußische Batterie im Rückzuge **17** unter Begünstigung ihrer Deckung vom Regiment Churfürst.
Gegen 1 Uhr wurden von dem in **16** vorgerückten Feinde die Sächs. Regimenter Churfürst und Prinz Xavier aus Crösten bei Wölsdorf vorbei nach der Saale zu gedrängt - das nämliche geschah mit den in **8** und **9** aufgestellten Truppen.
Die vorwärts des Hohlweges in **19** postirte Cavallerie attakirte, nachdem sie hinter demselben in 20 formirt

worden war, gegen 2 Uhr, unter Anführung des Prinzen Louis, die in **22** vorrückende feindliche Cavallerie, ward aber überflügelt, geworfen und passirte im Gemenge mit der Infanterie bei **23** die Saale, um Rudolstadt auf dem Wege über Preylipp zu gewinnen, die Infanterie erstieg indeß die steilen Abhänge und folgte der Cavallerie.
Der Theil von dem Preuß. Regiment Müffling und dem Sächs. Regiment Prinz Clemens, welcher noch beisammen war, ging, da Schwarza bereits durch die Französische Colonne **21** in Besitz genommen war, bei **24** über die Schwarza nach Remda, und ward zum Theil bei **25** gefangen.
Der Preuß. Gen. Major v. Pellet stand den Morgen über in und bei Blankenburg in **26**, nahm Nachmittags um 3 Uhr mit der bei sich habenden Cavallerie die Stellung **27**, ward aber durch die aus **28** anrückenden Französischen Colonnen daraus vertrieben.

Worterklärungen zu den historischen Texten

Arrieregarde	Nachhut	Kalamität	Unglück, Mißgeschick
avancieren	vorrücken	Kontenanz	Anstand, Stellung, Haltung
Avertissementposten	Nachrichten-, Erkundungsposten	melée	Handgemenge
Cantonnier-Quartiere	Ausgangsquartiere, Stationierungslager	en muraille	zur Mauer geschlossen
		pas de charge	Sturmschritt
Chasseurregiment	Jägerregiment	à portée	auf Flintenschußweite
Colonne revensée	umgekehrte Kolonne	Quarré	quadratische oder rechteckige Infanterieformation, allseits geschlossen zur Abwehr der Kavallerie
debandiert	lose (d.h. gelöst von der Truppe) vorgehen		
Debouché	Ausgang, Ende (einer Schlucht)		
		Ravin	Schlucht, Hohlweg
debouchieren	aus einem Engpaß herauskommen	recognoscieren	aufklären, auskundschaften
		refüsieren	verweigern
Decharge	Salve	Replié	Unterstützungstrupp
defilieren	vorbeimarschieren	retardieren	verlangsamen
Dekorum	Anstand, Schicklichkeit	retirieren	zurückziehen
Detachements	abgesonderte Truppenabteilung	Retraite	Rückzug
		soutenieren	unterstützen, Beistand leisten
Diskolation	Umlauf von Informationen über die Entfaltung der geplanten Operation	Soutien	Unterstützung
		Subsistenz	Lebensunterhalt
Echellon	Staffelstellung	Succurs	Hilfe, Unterstützung
egarpillieren	zermörsern, aufsplittern	Tête	Spitze
Eskadrons	kleinste Einheit der Kavallerie	Thermopylen	Engpaß in Mittelgriechenland, an dem 480 v.u.Z. eine kleine Anzahl Griechen unter Führung des Leonidas die Perser tagelang aufhielt
Furagemagazin	Verpflegungsmagazin		
Füsilier	Infantrist		
Guide	Führer		
Impediment	Troß, Fuhrpark; hier: Hindernis		
		Tirailleurs	Plänkler
kadenciert vorgehen	rhythmisch abgemessen, intervallartig vorgehen	tournieren	umgehen
		Vorpostenchaine	Vorpostenkette

Hendrik Bärnighausen, Andreas Teltow

DIE DENKMÄLER FÜR DEN PRINZEN LOUIS FERDINAND VON PREUSSEN IN WÖHLSDORF BEI SAALFELD

Das 1823 in Wöhlsdorf bei Saalfeld errichtete Denkmal für den am 10. Oktober 1806 hier gefallenen Prinzen Louis Ferdinand von Preußen hat in den mehr als 170 Jahren seiner Existenz eine gewisse Popularität erlangt. Das Interesse an den Napoleonischen Kriegen im allgemeinen und den Ereignissen des Jahres 1806 im besonderen, die von der Persönlichkeit des Prinzen Louis Ferdinand ausgehende Faszination, der Kenner und Freunde der Militär- und der Musikgeschichte gleichermaßen zu verfallen pflegen, auch die unter verschiedenartigsten ideellen Ansätzen erfolgende rege Beschäftigung mit der Geschichte des Staates Preußen und der Dynastie Hohenzollern haben das dem Prinzen geweihte Denkmal bei Saalfeld immer wieder ins Bewußtsein der Öffentlichkeit gerückt. Nicht zuletzt ist das Denkmal durch die Tatsache, daß seine Entstehung mit dem Schaffen so bedeutender Künstler wie Carl Friedrich Schinkel und Christian Friedrich Tieck, aber auch mit der Produktion der Königlichen Eisengießerei in Berlin verbunden ist, für die Geschichte des deutschen Klassizismus und des Kunsthandwerks von Bedeutung. Hingegen ist das bereits 1808 ebenfalls in Wöhlsdorf errichtete kleinere und weniger attraktive Denkmal für Louis Ferdinand zwar nicht gänzlich vergessen, jedoch weit weniger beachtet worden.

Erstaunlich ist, daß die Entstehungsgeschichte beider Denkmäler in der regionalen und überregionalen Literatur trotz vielfältiger Erwähnung und gelegentlicher kurzer Abhandlung bisher keine grundsätzliche Bearbeitung gefunden hat. Immerhin hat Max Georg Zimmermann 1916 kurz auf die Bedeutung des Louis-Ferdinand-Denkmals innerhalb der Kriegerdenkmäler Schinkels hingewiesen[1] und Charlotte Steinbrucker um 1930 in ihrem Verzeichnis der Denkmalentwürfe Schinkels die Saalfeld betreffenden Blätter aufgelistet.[2] Einen Teil der regionalen Quellen publizierte Alfred Knopf 1956.[3] Eva Schmidt widmete 1981 in ihrem Standardwerk „Der preußische Eisenkunstguß" dem großen Denkmal ganze 28 Zeilen, wies dabei auf die Zeichnungen Schinkels hierzu und auf die Existenz archivalischer Quellen hin.[4] Aufgegriffen wurde das Thema im Rahmen der großen Berliner Schinkel-Ausstellung von 1981 und deren Katalog.[5]

So fehlte bisher eine die Quellen auswertende und möglichst erschöpfend behandelnde Darstellung der Entstehungsgeschichte beider Denkmäler, die die Intentionen der in den Jahren 1807 bis 1823 mit der Denkmalsangelegenheit beschäftigten Persönlichkeiten, die kunsthistorischen und wirtschaftlichen Aspekte des Vorgangs und sein regional- und kulturgeschichtliche Umfeld erfaßt. Dies soll die folgende Darstellung bieten.

Das Denkmal von 1808

Am 30. März 1808, knapp anderthalb Jahr nach dem Tod des Prinzen Louis Ferdinand, erschienen im Saalfelder Justizamt die Herren von Reck, Regierungspräsident zu Erfurt, und von Romberg, Premierleutnant der Preußischen Garde du Corps, und ersuchten um die Genehmigung zur Aufstellung eines kleinen Monuments an dem Ort, wo der Prinz gefallen war. Tags darauf richteten beide in dieser Angelegenheit ein offizielles Schreiben nach Coburg an die Landesregierung des Herzogtums Sachsen-Coburg-Saalfeld:

„Hochwohlgebohrne Herren
Hochgeehrte Herren
Auf einer kleinen nach Saalfeld unternommenen Reise haben wir die Grabstätte des Prinzen Louis und den Fleck an der Straße besucht, wo er in der affaire vom 10. Oktober 1806 blieb. Der letztere ist durch einen

bloßen Stein bezeichnet und wird, da er nur klein und keine äußern Merkmahle hat, bald zerfahren oder verschleppt seyn.

Das Andenken des Prinzen Louis, den wir persönlich zu kennen das Glück hatten, und die Achtung für seine ausgezeichneten Eigenschaften, hat den Wunsch in uns rege gemacht, ein einfaches Monument an jener Stelle errichten zu laßen, und wir bitten daher Ew. Hochwohlgeb. als oberste Polizeibehörde gehorsamst, uns dies zu erlauben.

Der Riß und die auf dem Monumente zu setzende Inschrift ist in den Händen des Commissions Rath Mereaux zu Saalfeld.

Da letztere nichts für die jetzigen Zeiten bedenkliches enthält, so dürfen wir hoffen, daß Ew. Hochwohlgeb. unsern Wunsch Ihren Beifall nicht versagen werden und bitten nochmals gehorsamst um Einwilligung.

Wir haben die Ehre, mit der ausgezeichneten Hochachtung uns zu nennen

Ew. Hochwohlgeboren gehorsamste Diener

Reck, Regierungs Präsident zu Erfurt

Romberg, Lieutnant des Preuß. Garde du Corps"[6]

Am 13. April wurde ein Reskript der in Abwesenheit des Herzogs Ernst von Sachsen-Coburg-Saalfeld verordneten Kommission an die Landesregierung erlassen, aus dem hervorging, man würde „nicht das mindeste Bedenken finden, den von Reck zu Erfurth und den von Romberg ihr Vorhaben, dem bei Saalfeld gebliebenen Königl. Preußischen Prinzen Louis Ferdinand, unterhalb Wöhlsdorf ein Monument zu errichten, zu gestatten."[7]

Offiziell teilte die Landesregierung dem Saalfelder Justizamt und von Reck am 4. August die Genehmigung mit und drückte ihre Freude darüber aus, „die Verdienste eines Helden auf eine solche Art für die Nachwelt gewürdigt zu sehen".[8] Man darf also davon ausgehen, daß das Denkmal im Herbst 1808 aufgestellt wurde.

Der damals beim Saalfelder Justizamt eingereichte Entwurf zu diesem Denkmal ist gegenwärtig nicht nachweisbar. Auch existieren - wie bei einem Privatauftrag kaum anders zu erwarten - keine Archivalien zur Herstellung des Denkmals, somit auch keine Aussagen über die beteiligten Handwerker.

So bescheiden das 1808 gesetzte Denkmal auch war, muß es doch soviel Aufsehen erregt haben, daß es sich lohnte, auf einem qualitätvollen graphischen Blatt dargestellt und zum Kauf angeboten zu werden. 1811

Abb. 4:
Das Louis-Ferdinand-Denkmal
von 1808,
aquarellierte Umrißradierung,
Schleiz 1811

erschien dieses Blatt, eine aquarellierte Umrißradierung von beachtlichem Format (51,5 x 69 cm) in der Kunsthandlung Kleist in Schleiz unter dem Titel „MONUMENT DES PRINZEN LOUIS FERDINAND BEI SAALFELD, wo er als Held im Kampfe für sein Vaterland am X. October MDCCCVI fiel."[9] (Abb. 4) Die aus diesem Blatt noch ersichtliche landschaftliche Situation erfuhr 1811 eine entscheidende Veränderung, da der Hohlweg, in dem sich 1806 die für den Prinzen Louis Ferdinand tödliche Auseinandersetzung zugetragen hatte, in eine Chaussee umgewandelt wurde.[10] Zur Belebung der Landschaft sind zwei in Betrachtung des Denkmals verharrende allegorische Figuren ins Bild gesetzt, die wohl Ruhm und Tapferkeit verkörpern sollen.

Das Wirken des Oberst von Szymborski für ein bedeutenderes Denkmal

Der im Thüringischen Staatsarchiv Meiningen aufbewahrten Akte „Amtsgericht Saalfeld Nr. 39/ 1. Anhang" ist ein von Oberst v. Szymborski verfaßter Text vorangestellt, den Szymborski selbst als „Einleitung zu dem vorliegenden Aktenbande" betitelt hat. In diesem 1828 niedergeschriebenen zweiseitigen Text faßt der Oberst seine 1807 einsetzenden und 1823 endlich von Erfolg gekrönten Bemühungen um die Errichtung eines bedeutenderen Denkmals für den Prinzen Louis Ferdinand bei Saalfeld zusammen:

"Schon im Jahre 1807. in Memel, als Unterzeichneter noch in Königl. Preuß. Diensten stand, hat derselbe bey Ihro Königl. Hoheit, der Fürstin Radziwil, Schwester des bey Saalfeld am 10. Octbr. 1806. gebliebenen Prinzen Louis Ferdinand von Preußen, darauf angetragen, daß diesem Bruders Sohn Friedrichs des Großen statt des von dem Herrn von Romberg und von Reck Ihm gesetzten kleinen Denkmals ein anderes, größeres, seines Ranges, Nahmens und seiner Talente würdigeres Monument gesetzt werden möchte.

Unterzeichneter stand bey der Leib-Compagnie seines Regiments und war vom Jahre 1795. bis zum Jahre 1801. sein täglicher Tischgenoße.

Obgleich nun obiger Vortrag als billig anerkannt war, so haben zum Theil die Unglücksjahre Preußens, zum Theil andere Umstände die Ausführung dieses Vorhabens verzögert.

Um nun irgend eine Entschließung endlich herbey zu führen, hat Unterzeichneter eine biographische Skizze über diesen Prinzen geschrieben, die sich in einer von F.W. v. Mavillon[11] herausgegebenen Zeitschrift unter dem Titel Militärische Blätter, und zwar im siebenten Heft vom Julio 1820. abgedruckt findet, - und darinnen angedeutet, daß es im Werke sey, dem genannten Prinzen ein Denkmal zu setzen, daß Seine Schwester an der Spitze dieses Unternehmens steht, und daß sich von Ihrem Einfluße und Ihren Bemühungen etwas ausgezeichnetes in dieser Hinsicht erwarten läßt.

Dieses Mittel verfehlte seines Zweckes nicht, die biographische Skizze wurde gut aufgenommen und gut recensirt, und die Berliner Militair-Literatur-Zeitung forderte den Verfasser öffentlich auf, das nähere anzugeben, auf welche Art und Weise dieses Monument errichtet werden soll, damit jeder gut gesinnte Preuße mit Vergnügen sein Schärflein dazu beitragen kann.

Da nun ferner auch aus dem Oesterreichischen bey Unterzeichneten Nachrichten eingiengen, daß wenn das Denkmal auf Subscription errichtet werden sollte, man von dort auf starke Beiträge rechnen könnte, so nahm Unterzeichneter Veranlaßung davon, die Sache aufs Neue bey der Fürstin Radziwil in Erinnerung zu bringen, seine Ideen zu wiederholen und dabey zu bemerken, daß, wenn man dazu nicht geneigt seyn sollte, das Monument aus eignen Mitteln zu errichten, ich darum bitten müßte, mir zu erlauben, die Subscription zu diesem Ende zu eröffnen. Darauf wurde mir zur Antwort gegeben, daß S. Majestät, der König, welchem meine Vorschläge vorgelegt worden sind, in das letztere nicht eingewilligt habe; daß Allerhöchstdieselben Sich mehrere Zeichnungen zu dem Monumente haben machen lassen, und daß ich bald von der Entschließung Sr. Majestät in Kentniß gesetzt werden solle.

Dieses ist nun erfolgt, und von nun an sollen die zu diesen Acten genommenen, darauf Bezug habenden Briefe, Verfügungen, Anschläge pp selbst sprechen und von dem weitern Fortgang der Sache unterrichten.- Soviel zur Vorerinnerung und zur Belehrung, wie diese Sache ihren Anfang genommen hat.

Coburg, den 8. Nov. 1828   v. Szymborski."[12]

Der aus polnischem Uradel stammende Oberst Johann Maximilian v. Szymborski[13], unbestritten der Hauptinitiator des 1823 errichteten Denkmals, das ohne sein stetiges Bemühen kaum zustandegekommen wäre, war 1771 in Posen geboren worden, 1795-1806 preußischer Offizier gewesen und 1808 als Hauptmann und Adjutant in den Dienst Herzogs Ernst I. von Sachsen-Coburg-Saalfeld getreten. Er stand dem Privatbüro des Herzogs vor, wurde 1810 Major, 1814 Oberstleutnant, 1818 Oberst. Von 1821-25 war v. Szymborski Mitglied des Coburger Landesministeriums und Chef der Militärsektion. 1824 mußte er aufgrund einer Volksempörung, deren Anlaß von ihm im Auftrag des Herzogs gegen die Herzogin getroffene Maßnahmen waren, aus Coburg fliehen. Daraufhin übertrug Herzog Ernst ihm Aufgaben in der Verwaltung seiner auswärtiger Besitzungen: 1824-25 war v. Szymborski Regierungspräsident in St. Wendel, 1825-27 Direktor der herzoglichen Besitzungen in Greinburg/ Oberösterreich. Er starb 1830 in Bayreuth.

Entwurf und Planung von 1817

Nach 1815 begann man in Preußen offiziellerseits mit Gedanken zur Errichtung von Denkmälern für die Schlachtenorte und bedeutenden Persönlichkeiten der Befreiungskriege zu beschäftigen. Dabei wurde auch das von Szymborski angeregte Saalfelder Denkmal erstmals ernstlich erwogen. Da Carl Friedrich Schinkel ohnehin mit Entwürfen zu diversen Denkmalsangelegenheiten betraut worden war, verwundert es nicht, daß er auch den Anfang zu einem in Saalfeld aufzustellenden Louis-Ferdinand-Denkmal erhielt.
Am 20. Mai 1817 erhielt die Königliche Eisengießerei zu Berlin von der ihr vorgesetzten Behörde, dem Oberbergamt, „eine von Herrn Geheimen Ober Bau Rath Schinkel entworfene Zeichnung zu einem Denkmal in Gußeisen, welches dem gebliebenen Prinzen Louis Ferdinand Königliche Hoheit errichtet werden soll. Der Kostenbetrag dieses Denkmals soll die Summe von 4000 rtl. nicht überschreiten, weshalb die Höhe des Monuments sich nach dem Preis bestimmt und auf 3o Fuß Rheinländisch ausgemittelt worden ist, nach welcher Norm die übrigen Dimensionen sich ergeben ..." Der daraufhin von der Eisengießerei am 9. Mai vorgelegte Kostenanschlag belief sich auf genau 4000 Taler und beinhaltete folgende Positionen (in Talern/ Groschen/ Pfennigen)[14]:

a. Guß:

12 Zentner		zum unteren Postament	
8	„	zum zweiten Aufsatz	
6	„	zu 4 ...(?) zu den Treppen	
28	„	zu 4 Verdachungen	
24	„	zu 12 Lanzen	
12	„	zu 4 Gegenlagen	
110	„	a 7/ 9/---	811/ 6/---

dazu

12 Zentner		zu 4 Schriftplatten	
24	„	zum Turm	
36	„	a 8/12/---	306/---/---

außerdem

4 Trophäen		a 80/---/---	320/---/---
48 Stück große Verzierungen		a -/12/---	24/---/---
1 große Blüte auf die Spitze			24/---/---
4 große Adler	a 40/---/---		160/---/---
übrige Verzierung in den Durchbruch zum Turm u. Lanzengruppen			234/18/---
Guß insg.:			1880/---/---
b. für Holz- und Wachsmodelle			900/---/---
c. für Schmiede und Schlosserarbeit beim Zusammensetzen, Rüstungen beim Aufstellen			1100/---/---
d. Anstrich und Vergoldung der Schriftplatte			120/---/---
			4.000/---/---.

Schinkels Entwurf von 1817 ist nicht nachweisbar, die äußere Form des damals geplanten Denkmals nicht nachvollziehbar.

Erwägung eines Steindenkmals, 1821

Nachdem die Bemühungen um das Denkmal 4½ Jahre geruht hatte, setzte im Oktober/November 1821 eine zweite Entwurfs- und Planungsphase ein. Das Projekt war 1817 vermutlich zugunsten anderer Würdigungen, die Friedrich Wilhelm III. wichtiger erschienen waren als das Andenken des zwar beliebten, von ihm persönlich jedoch wenig gemochten Prinzen, zurückgestellt worden. Erst als im Juli 1820 in den „Militairischen Blättern" Szymborskis Subskriptionsaufruf erschienen war und ein breites Echo fand, dürfte sich der König, dem die Veranstaltung einer Subskription unangenehm sein mußte, genötigt gesehen haben, das Projekt wieder aufzugreifen.

Offensichtlich hat man vorübergehend die Errichtung eines steinernen Denkmals erwogen, das bis auf den skulpturalen Schmuck und ornamentale Elemente in Saalfeld hätte hergestellt werden können. Anlaß hierzu war wohl das Bestreben, kostengünstig zu arbeiten und den teuren und komplizierten Transport von Berlin nach Saalfeld zu vermeiden. Ein Kostenanschlag des Saalfelder Maurers und Steinhauers Johann Andreas Christian Wiefel vom 15. Oktober 1821 belegt dieses Projekt. Wiefel hatte seinem Gebot den billigeren von zwei beiliegenden Kostenanschlägen zum Bau einer Steinhauerhütte eingearbeitet: Die Saalfelder Zimmermeister Ernst Fischer und Johann Wilhelm Gottfried Lemmerzahl hatten hierfür am 4. Oktober 270 bzw. 209 Taler veranschlagt. Offensichtlich war Wiefel bekannt, daß man in Berlin bereit war, bis zu 4000 Taler für das Denkmal auszugeben. Sein Anschlag belief sich auf 3998 Taler 14 Groschen und 6 Pfennige. Man spürt, wie er bemüht war, die Summe auszuschöpfen: Selbst den Bau eines großen Bauwagens, der eines zweirädigen Handwagens, anzuschaffende Wagenschmiere, unterzulegendes Stroh, Schmiedearbeit zum Schärfen der Werkzeuge, ein neues Winkelmaß, Douceurs für die Fuhrleute und Steinbrecher beim Verladen der Steine und der Bau der erwähnten Steinhauerhütte wurden einbezogen. Zum Monument veranschlagte Wiefel 2244 Kubißfuß Steine und 50 Kubikfuß als Ersatz (900 Taler). Er wog die Kosten des Bezugs der Steine aus dem Blankenburger und dem Goßwitzer Bruch gegeneinander ab, wobei lediglich der Fuhrlohn sich die Waage hielt (233 Taler). Der Blankenburger Sandstein, so Wiefel, sei für andere Arbeit zwar ein guter und fester Stein, „der aber zu porös ist und zu feiner Arbeit nicht wohl tauglich". Stein aus dem Goßwitzer Bruch sei „ungleich theurer, weil derselbe sehr dauerhaft, gut aussieht (zumal wenn derselbe eingehend mit Firniß getränkt wird, dann sieht er wie aschgrauer Marmor aus, und hat beinahe die Eigenschaft wie der Serpentinstein, welcher in Böhmen gegraben wird) und läßt sich auch fein schleifen." Neben der Beschaffung der Steine zum Monument waren die wesentlichen Positionen das Brechen der Steine zum Grund „in hiesiger Gegend" (4704 Kubikfuß für 588 Taler), der Transport (294 Taler) sowie das Bearbeiten und Vermauern dieser Steine (392 Taler) und das Zurichten und Schleifen der Steine zum Monument (933 Taler). 96 Taler veranschlagte Wiefel für „das Monument aufzusetzen und die Steine auf den kleinen Bauwagen, aus der Steinhauerhütte ohngefähr 150 Schritte dahin zu transportieren", womit 8 Maurer und Steinhauer drei Wochen lang beschäftigt werden sollten. Zum Transport besonders großer und schwerer Stücke war daran gedacht, zusätzlich Tagelöhner heranzuziehen. Vergleichsweise billig sollten mit 36 Talern das Zusammensetzen der Steine bei einer Fugenstärke von 8-10 Zoll, das Verkitten, die Anschaffung von 60 Maß Leinöl und 36 Maß Firnis zu einem vierfachen Anstrich sein. Aber auch die Verwendung von 32 Pfund Silberglätte, 16 Pfund „zu Mehl gemachtes Pech", 80 5-6 Zoll langen Eisendübeln, 80 Steinklammern, 240 Pfund Blei und Dübeln zum Eingießen von Klammern wurde geplant. Zu sieben Gesimsen sollten Schablonen von Eisenblech angeschafft werden.

Eine offizielle Berliner Reaktion auf Wiefels Kostenanschlag ist nicht belegbar. Sicher ist jedoch, daß man angesichts der von Wiefel angesetzten Kosten der Meinung gewesen sein muß, daß man unter diesen Umständen auch und vielleicht billiger in der Berliner Eisengießerei arbeiten lassen und den Transport nach Saalfeld durchführen könne. Diese Entscheidung muß Ende Oktober oder Anfang November gefallen sein. Am 14. November 1821 erstattete Oberst v. Szymborski, der über die Entwicklung des Projekts bestens informiert gewesen zu sein scheint, Herzog Ernst von Sachsen-Coburg-Saalfeld Bericht über die bevorstehende Ausführung des Denkmals, woraufhin der Herzog ihn am 18. November wissen ließ: „Ich finde diese in der bemerkten Art dem edeln Andenken des verewigten Helden eben so angemessen als geschmackvoll und erneuere sehr gern Meine bereits früher erteilte Genehmigung zur Aufstellung dieses Denkmals, so wie ich auch jeden sonst nöthig scheinenden Vorschub dazu leisten laßen werde."[15]

Die Konkretisierung des Projektes im Winter 1821/22

Am 22. November gab Assessor Krieger im Oberbergamt zu Protokoll: „Der Geheime Ober Bau Rath Schinkel hat dem unterzeichneten anliegende 2 Blatt Zeichnungen zu einem Denkmal von Guß Eisen für den verstorbenen Prinzen Louis Ferdinand von Preußen zugestellt, um danach einen Kosten Anschlag incl: Modelle, Anstrich, Transport und Aufstellen bei Saalfeld mit dem Bemerken anzufertigen, daß die Gesamt Kosten dieses Denckmals incl: 500 rt. behuf des Fundaments nicht 3000 rt. übersteigen dürften, weshalb der in Bley Linien gezeichnete Maaßstab zum Anhalten genommen werden sollte.
Die ganze Höhe des Denckmals bis zur Spitze würde hiernach circa 22 Fuß betragen. Die 6 Fuß hohe Statue, da solche mit der Rückseite die Nische bewährt, dürfte nach Art der Statuen, welche zum Sieges Denckmal gefertigt sind, zum anhalten dienen. Übrigens besteht das Äußere dieses Denckmals samt den Stuffen aus bloßen Platten und können die in der Zeichnung angegebenen Stuffen wie ... beistehende Figur steinartig vertieft beibehalten werden.
Der Geh: Schinkel wünscht den Anschlag nebst Zeichnungen möglichst bald zu erhalten."
Krieger gab Schinkels Zeichnungen mit seinen Erläuterungen am 30. November an die Eisengießerei weiter

und erhielt schon am 6. Dezember die Zeichnungen mit dem erbetenen Kostenanschlag zurück. Dieser belief sich allerdings auf mehr als 4400 Taler. Schinkels Wunsch nach Kostenbegrenzung bei 3000 Talern wurde lakonisch kommentiert: „... und wenn es nicht über 3000 rthl. kosten darf, würde der Maaßstab vergrößert oder was uns gleich ist, die Höhe des Denkmals vermindert werden müßen."
Der Kostenanschlag vom 6.12.1821 umfaßte (Taler/Groschen/Pfennige):

a. Gußwaren
864 Quadratfuß Flächen
des ganzen Monuments
(235 Zentner 75 Pfund)   1845/19/8
„Eine Statue nach dem auf dem
Kreutzberge[16] befindlichen Stücke"   600/---/--
                                                2445/19/8
b. Schmiedearbeit (Zusammensetzen
und Aufstellen am Ort)   350/---/--
c. Hölzerne Modelle   200/-/-
   Statuenmodell   350/-/-   550/---/--
d. Anstrich und Vergoldung
   der Schrift   50/---/--
e. Transport nach Saalfeld   382/12/--
g. Fundamentlegung in Saalfeld   500/---/--
f. Verpackung der Figur
   und der Schriftplatten   20/---/--
h. Aufstellungskosten in Saalfeld   120/---/--
                                                1982/12/--
                                                4428/ 7/ 8

Erwartungsgemäß waren die veranschlagten Kosten Schinkel zu hoch, worüber Assessor Krieger die Eisengießerei am 30. Dezember informierte. Derselbe hatte deshalb „die in der beifolgenden Zeichnung angegebene Sitzbank gestrichen und nur einen Sockel, wo die Blei Linien bemerkt, stehen gelaßen, wodurch ein Theil des Gewichts und der Schmiede Arbeit ersparht wird. Außerdem wird die 6 Fuß hohe Figur, da solche in der flachen Nische stehen soll, an der ganzen Hinter Seite offen bleiben können, mithin ebenfalls den Guß derselben erleichtern. Ob an der angegebenen Eisen Stärke, wenigstens am Ober Theil des Denckmals, nicht eine Verminderung statt finden könne, hat das Officium zu überlegen, und einen andern nach diesen

Abänderungen zu fertigenden Anschlag nebst der Zeichnung des baldigsten bei mir einzureichen." Die Erstellung des neuen Kostenvoranschlags erfolgte sofort. In dem diesen beiliegenden Schreiben vom 3. Januar 1822 verwies die Gießerei darauf, daß Veränderungen an der Eisenstärke nicht möglich seien. Neben Teilen, die nur 1/2 Zoll Stärke haben müßten, kämen auch solche von 3/4 Zoll Stärke vor, letztere vor allem an den Karnies, weswegen das Durchschnittsgewicht von 30 Pfund pro Quadratfuß nicht zu hoch angesetzt sei.

Der Kostenanschlag vom 2. Januar 1822 reduzierte die Anfang Dezember 1821 veranschlagte Summe auf 3549 Taler 16 Groschen und 4 Pfennig, also um knapp 900 Taler, wovon nach nochmaliger Überarbeitung eine Einsparung von knapp 800 Talern übrigblieb:

a. Guß
   742 Quadratfuß Fläche   1416/16/--4
   Statue, 6 Fuß hoch   450/---/---
b. Zusammenstellen   200/---/---
c. Modelle   550/---/---
d. Anstrich/Vergoldung   50/---/---
e. Transport nach Saalfeld   303/---/---
f. Verpackung   30/---/---
g. Fundamentlegung in Saalfeld   500/---/---
h. Aufstellungskosten in Saalfeld   <u>170/---/---</u>
                                               3669/16/--4

Schinkel erhielt diesen Kostenanschlag durch das Oberbergamt am 4. Januar übersandt, wobei er darauf hingewiesen wurde, daß man die Aufstellungskosten in Saalfeld nicht so verbindlich wie wünschenswert habe veranschlagen können, da „das dortige Local nicht bekannt" sei. Gern sei man aber bereit, zur Aufstellung des Denkmals „einen mit diesen Geschäft bekannten Arbeiter zur Hülfe" nach Saalfeld zu schicken.

Schinkels Entwürfe

Charlotte Steinbrucker nennt in ihrem Verzeichnis der Denkmalsentwürfe Schinkels drei sicher auf das Saalfelder Denkmal bezügliche Blätter und ein eventuell hierher gehöriges Blatt.

Eine mit roter Tinte gezeichnete Federskizze (30 x 19,5 cm), die vier Entwürfe zu einem Denkstein mit Relieffigur zeigt (um 1820), ist vielleicht als Vorstudie zum Louis-Ferdinand-Denkmal zu verstehen.[17] Ein frühes Entwurfsstadium ist aus einer „Schinkel 1821" bezeichneten Bleistiftzeichnung ersichtlich (46,5 x 61,8), in die auch die Maße der einzelnen Partien eingetragen sind. Hier ist noch die Sitzbank dargestellt, die Schinkel im nächsten Entwurf aus Kostengründen wegfallen ließ. Auch bestand zum Zeitpunkt der Entstehung dieses Blattes noch Unklarheit über die Gestaltung der Inschrift. Dies dürfte eine der Zeichnungen sein, die der Eisengießerei am 30.11.1821 als Vorgabe zum Kostenvoranschlag vom 6.12. vorgelegt wurden.[18] (Abb. 5)

Mit „Schinkel inv. et del." bezeichnet ist eine Lithographie („Erster Versuch mit Kreide und Tinte auf Stein", 37 x 25,4 cm), auf der Schinkel das Denkmal in seiner ausgeführter Fassung vor einer Baumgruppe auf einer kleinen sich nach oben verjüngenden Terrasse dargestellt hat, zu der frontal 6 flache Stufen hinaufführen.[19] (Abb. 6) Hier wird Schinkels ursprüngliche Idee für die Einfriedung des Denkmals - eine rechteckige Anordnung durch gerade Eisenstangen verbundener und oben flach zugespitzter Steinpfeiler - ersichtlich. Durch ins Bild gesetzte Figuren wird die geplante Dimension des Denkmals veranschaulicht. Da auf diesem Blatt schon die am 19. März 1823 von Schinkel im Auftrag der Fürstin Radziwill der Eisengießerei mitgeteilte Fassung der Inschrift zu lesen ist und Schinkel bei Übermittlung des diesem Druck zugrundliegenden Blattes bemerkte, daß ein Steindruck danach gemacht worden sei, dürfte dieser Anfang März 1823 entstanden sein. Überliefert ist auch die dem Steindruck zugrundliegende Bleistiftzeichnung (42,5 x 58,5).[20]

Als landschaftliche Orientierung zum geplanten Standort des Denkmals erhielt Schinkel aus Saalfeld eine mit „Dittmar" signierte kolorierte Zeichnung (Abb. 7).[21] Unter seinem Material zu den Entwürfen befindet sich ein daraus abgeleiteter kleinformatiger Situationsplan „Umgebungen an dem Denkmal des Prinzen Louis Ferdinand".[22] (Abb. 8)

Das Louis-Ferdinand-Denkmal ist in der Art eines „cippus", d.h. einer vierkantigen und spitz zulaufenden

Abb 5:
Entwurfszeichnung zum
Louis-Ferdinand-
Denkmal,
C.F. Schinkel, 1821

Gedenksäule, angelegt. Dieser auf antike Tradition zurückgehende Grabmaltyp spielt in Schinkels Werk ein bedeutende Rolle, ist auf zahlreichen Zeichnungen bald „schlanker oder breiter, reicher oder einfacher ausgestattet" zu finden.[23] Die ausgeprägt querrechtekkige Orientierung des steil aufragenden Denkmals und seine daraus resultierende geringe Tiefe sowie die eindeutige Hervorhebung einer Schauseite würde auch seine Bezeichnung als „Stele" rechtfertigen. Letztlich erübrigt sich das Für und Wider zur Anwendung der Begriffe „cippus" und „Stele" auf das Denkmal, da die Grenzen zwischen beiden Typen in Schinkels Schaffen fließend sind.

Abb. 6: Entwurf zum Louis-Ferdinand-Denkmal, Lithographie, C.F. Schinkel, 1823

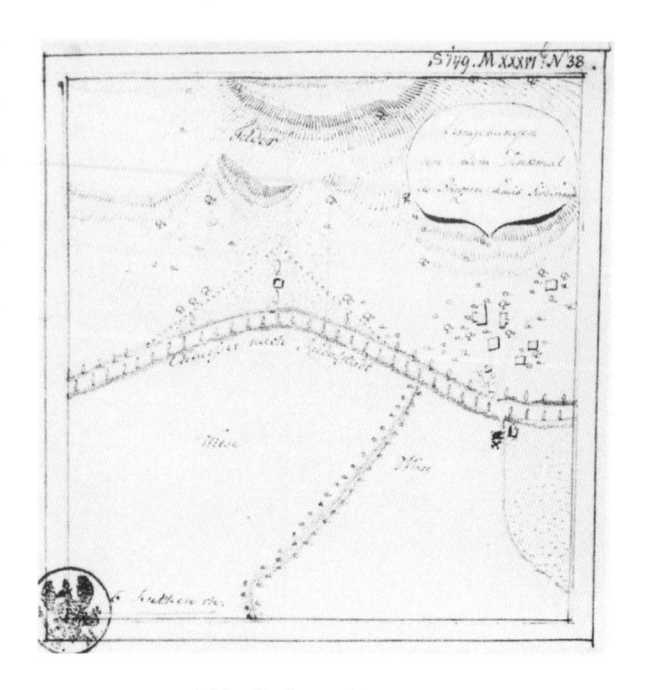

Abb. 8: Lageskizze zum Louis-Ferdinand-Denkmal aus C.F. Schinkels Material

Abb. 7: Aus Saalfeld nach Berlin gesandter Situationsplan zum geplanten Louis-Ferdinand-Denkmal

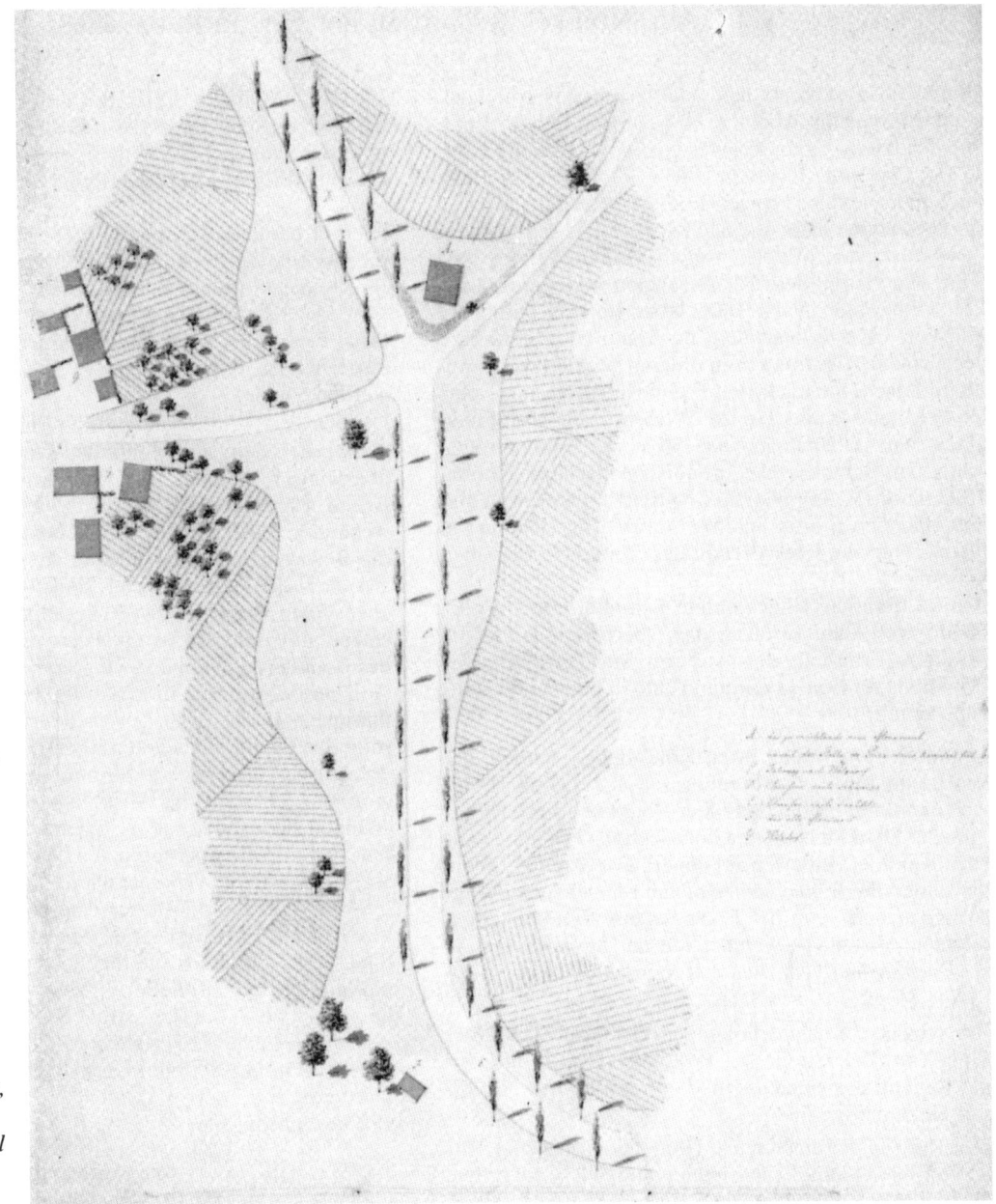

Legende:

A) zu errichtendes Denkmal,
B) Stelle, an der Prinz Louis Ferdinand fiel (Kreuz rechts vom zu errichtenden Denkmal),
C) Fahrweg nach Wöhlsdorf,
D) Chaussee nach Schwarza,
F) Louis-Ferdinand-Denkmal von 1808,
G) Wöhlsdorf

Baurat Schinkel im Auftrag der Fürstin Radziwill

Oberst v. Szymborski hatte sich zur Realisierung seiner Denkmalsidee nicht zufällig an die Fürstin Luise von Radziwill, geb. Prinzessin von Preußen (1770-1836), gewandt.[24] Daß die ältere Schwester innerhalb ihrer Familie dem Prinzen Louis Ferdinand am nächsten gestanden hatte und nach dessen Tod sein Andenken am regsten pflegte, war allgemein bekannt. Seit 1796 war sie mit dem Fürsten Anton Radziwill glücklich verheiratet. Nach 1806 lebte sie in Königsberg und von 1816 an, nachdem ihr Mann zum Statthalter des Großherzogtums Posen ernannt worden war, ständig in Posen. Sie unterhielt Freundschaften zu Gelehrten wie zu Militärs, so zu Wilhelm von Humboldt, Gneisenau, Clausewitz und Stein, und nahm regen Anteil am Schicksal des preußischen Staates. Anfang 1822 waren v. Szymborskis Aktivitäten soweit gediehen, daß sich Baurat Schinkel im Auftrag der Fürstin offiziell um die Realisierung des Denkmals bemühen konnte.

Am 22. Februar 1822 richtete Schinkel einen eigenhändig verfaßten Brief an das Oberbergamt, der die offizielle Erteilung des Auftrags zur Fertigung des Denkmals für Louis Ferdinand enthält und die Modalitäten regelt:

„Im hohen Auftrage Ihrer Königlichen Hoheit der Prinzessin Luise von Preußen Fürstin Radziwill soll ich Einem hochlöblichen Ober Bergamte die Ausführung des Denkmals für den hochseeligen Prinzen Louis Ferdinandt, in Gußeisen auf dem Platze wo Er gefallen, hierdurch übertragen und zwar nach den dazu bewilligten Kosten des von der Eisengießerei darüber eingereichten Anschlags, welcher mit der Summe von
Dreitausend Sechshundert Neun und Sechzig Thaler 16 gl. 4 d. abschließt. -
Bei welchen Kosten diejenigen für das Modell der Figur mit 350 rtl. für Hl. Professor Tieck - und für die Legung des Fundaments bei Saalfeld mit 500 rtl. mit einbegriffen sind.

Der Herr Justizrath Krause (Leipzigerstraße No. 89) ist von Ihrer Königlichen Hoheit angewiesen worden, die nöthigen Zahlungen zu leisten, ich ersuche deshalb Ein Hochlöbliches Ober Berg Amt ganz ergebenst, dem Herrn Justizrath Krause die Termine zur Zahlung gefälligst angeben zu wollen, damit derselbe darüber die Einwilligung Ihrer Königlichen Hoheit einziehen kann.

Hierbei bemerke ich noch ergebenst, daß die Kosten für das Modell der Figur mit 350 rtl. von dem Herrn JR Krause unmittelbar an Professor Tieck gezahlt werden. Die Königl. Eisengießerei hätte nur dem Herrn Prof: Tieck die Nische in Naturgröße baldmöglichst zuzufertigen, daß drinnen das Hauterelief gearbeitet werden könne.

Die Kosten für die Legung des Fundaments mit 500 rtl. werden dem Hochlöblichen Ober Berg Amte mit überwiesen werden, weil für dessen zweckmäßige Breite, Länge und Tiefe, nach Verhältnis der darauf stehenden Last, ein hochlöbliches Ober: Berg: Amt die Besorgung der Ausführung am sichersten und besten bewirken wird. Zu dem Ende wird ein hochlöbliches Ober Berg Amt sich gefälligst in Verbindung setzen mit dem Herrn Obristen und Kammerherren des Großherzog. Coburg, von Szymborski zu Coburg, welcher im Auftrage Ihrer Königl. Hoheit und eigenem thätigsten Interesse in der Sache, die obrige Ausführung des Fundaments leiten wird. Um die für das Fundament zu verwendende Summe noch genauer zu bestimmen, lege ich die Anschläge der dortigen Stein: Arbeiter, wonach die obige Summe von 500 rtl. schon früher durch ein hochlöbliches Ober Berg Amt ausgeworfen wurde, im Original wieder bei, so wie zugleich die beiden Blatt approbirter Zeichnungen mit Maaßen beschrieben angefügt sind. Nachdem die Maaße in natürlicher Größe aufgetragen sind, und dann nach Vollendung der Modelle vor dem Guß, bitte Ich ein hochlöbliches Ober Berg Amt ergebenst, mir die Revision dieser Sachen zu erlauben, weshalb ich die Anzeige denn für den Zeitpunkt desselben ergebenst erwarten werde.

Berlin, den 22. Feb 1822 Schinkel."

Am 28. März 1822 bestätigte das Oberbergamt der Gießerei die Bewilligung des mit dem Kostenanschlag vom 2. Januar gemachten Angebots. Eine erste Abschlagzahlung von 1000 Talern für Kosten zu den Modellen und Gußvorrichtungen sollte der Gießerei schon am 1. April zugehen, eine weitere nach erfolgtem Guß am 1. Juli, schließlich eine Restzahlung am 30. August nach Ablieferung und Aufstellung. Der Eingang der ersten Rate wurde dem Bergamt am 12. April bestätigt. Aus Coburg sandte Oberst v. Szymborski am 3. Mai dem Oberbergamt einen Kostenanschlag in Höhe von 171 Talern und 8 Groschen über in Saalfeld anfallende Kosten. Hiervon bezogen sich 146 Taler und 8 Groschen auf die Aus- bzw. Aufmauerung von Grund und Sockel zum Denkmal, 5 Taler auf den Ankauf des Terrains und 20 Taler auf die Herstellung des Platzes einschließlich Bepflanzung. Daraufhin ersuchte das Bergamt am 18. Juni Justizrat Krause, den genannten Betrag an v. Szymborski zu überweisen, und teilte am selben Tag der Gießerei mit, daß die für v. Szymborski erforderliche Summe von der der Gießerei zum 1. Juli zu zahlenden Rate abgezogen werde. Das Büro von Justizrat Krause informierte Assessor Krieger am 27. Juli darüber, daß v. Szymborski mitgeteilt habe, daß er sich bis zum 6. August in Gotha befände und seinen Auftrag für Saalfeld von dort aus zu erledigen gedächte. Er hatte sich hierzu die Übersendung des im April in Saalfeld von Maurermeister Wiefel erstellten Anschlags erbeten, ebenso die der ersten Zeichnung, auf welche dieser Anschlag sich bezog, da nach dieser Zeichnung das Fundament nicht so hoch über der Erde zu stehen kommen sollte als auf der ihm übersandten Zeichnung. Noch am selben Tag schickte das Bergamt besagtes Material an v. Szymborski und bemerkte hierzu, daß die Gußwaren zum Denkmal Ende September nach Saalfeld abtransportiert werden würden.

Die Bemühungen des Oberst von Szymborski

Wie ernsthaft v. Szymborski die Angelegenheit betrieb, läßt sein am 21. August dem Bergamt übersandter ausführlicher „Rapport" erkennen, den er mit der Bitte einreichte, ihn gegebenenfalls auch der Fürstin Radziwill zur Kenntnis zu geben:
„Sogleich nach Empfang der genehmigten Zeichnungen hat sich Unterzeichneter nach Saalfeld begeben und wie folgt die Arbeiten in Gang gebracht.
I, Das erforderliche Feld ist gekauft, abgemarkt und es ist darüber ein Kaufcontract geschlossen. Beim Abstecken der verschiedenen Linien hat sich die Nothwendigkeit ergeben, einen größeren Raum haben zu müssen, als anfänglich die Meinung war. Es mußte daher ein größeres Stück Feld gekauft werden, welches jedoch kein bedeutendes Object ist, da Unterzeichneter, ohne die Absicht wozu merken zu lassen, das Feld rathenweise früher schon behandelt hat, dergestalt, daß dasselbe nunmehr hinreichend groß, nicht über 12 Thaler kosten wird. Auch hat Unterzeichneter einen genauen Riß über die Stellung des Monuments und über die angrenzende Gegend aufgenommen, welcher anbei zur Einsicht communicirt wird. Ueber die Stellung des Monuments selbst kann übrigens kein Zweifel obwalten, denn
1, ist die Hauptfronte des Monument mit dem Genius fast vom Norden nach Süden und nach der Seite gekehrt, wo damals der Feind herkam.
2, blickt der trauernde Genius gerade auf die Stelle herunter, wo der Prinz gefallen ist,
3, wird das erhöht stehende und in der Mitte einer regulairen begrenzten Figur aufgestellte Monument, auf der Chaussee von Saalfeld nach Rudolstadt von weitem schon gesehen, und einen imponierenden Prospect gewähren.
II, Nach den eingeschickt gewesenen und genehmigten Anschlägen ist mit den Maurern und Steinhauern der Accord dergestalt geschlossen, daß der Grund zur Aufstellung des Monuments bis zum 20. September dieses Jahres vollständig fertig seyn soll.
III, Die Herstellung des rohen Terrains ist dem Hofgärtner in Saalfeld vorgezeichnet und übertragen, der die gröberen Arbeiten jetzt schon, die feineren Erdarbeiten aber erst dann vornehmen wird, wenn das Monument ganz fertig dasteht.
IV, Da ich doch nicht immerwährend des Baus in Saalfeld selbst zugegen seyn kann, so habe ich die Aufsicht dem Hl. Geheimen Hofrath Rose und dem Hl. Hofrath Mereau daselbst übertragen, auch die Gel-

der zur Zahlung ersterem übergeben; Ich bitte also, die Eisenplatten an den geheimen Hofrath Rose zu adressieren, der sie in Empfang nehmen und mir von dem Eintreffen derselben Nachricht geben wird, worauf ich mich wieder nach Saalfeld begeben und die Aufstellung und Beendigung des Monuments ferner besorgen werde. Sobald alles beendigt ist, werden von mir die quittirten Rechnungen eingeschickt.

V, In meinen früheren Vorschlägen ist darauf angetragen worden, daß einem alten Invaliden des ehemaligen Regiments Prinz Louis von Preußen erlaubt werden möchte, in dem daran stoßenden Dörfchen Wöhlsdorf zu wohnen, seine Pension dort zu verzehren und die Aufsicht und Bewachung über das Monument zu führen. Ich trage daher wiederholt darauf an, nicht blos, weil mir die Bewachung des Monuments eben so nöthig als zweckmäßig erscheint, sondern auch, weil ich glaube, daß das Los des dazu auserwählten sich durch die kleinen Geschenke verbessern würde, welche diejenigen die das Monument besuchen, ihm mit Vergnügen darreichen würden.

VI, Noch eine Anfrage. - Soll das Monument gar keine Einfassung bekommen? Sollte etwa blos das Monument eingefaßt werden mit einem Eingange von vorne, oder das ganze Dreyeck? - Im ersten Falle, wozu ich auch nur rathe, würden 6. behauene Steine mit 5. eisernen Stangen nöthig sein, im zweiten Fall würden sich die Kosten der Einfassung vermehren, weil mehr Stangen gleich mitkommen werden, und ob ich die Steine dazu behauen und hinsetzen lassen soll. Ein solcher Stein wird nach dem Anschlage des Steinhauers Wiefel ganz fertig und gesetzt 3 rthlr. 16 gl. kosten.

VII, Wenn über die Aufschrift des neuen Monuments noch keine Entscheidung gefaßt seyn sollte, so würde ich rathen, diejenige zu wählen, welche auf dem ältern kleinen Monumente zu lesen ist:

"Hier fiel kämpfend
für sein dankbares Vaterland
Prinz Louis Ferdinand von Preussen
am X. Oct. MDCCCVI"

Auf jeden Fall bitte ich um gefälligste Mitteilung derjenigen, welche bestimmt gewählt worden ist.

VIII, Nach meinem Dafürhalten müßte das ältere Monument unverändert bleiben, wie es jetzt steht. Sollte etwas anderes darüber beschlossen sein, so bitte ich um weitere Verhaltungs Befehle in dieser Hinsicht."
Der von v. Szymborski erwähnte Kostenanschlag war am 30. April vom Saalfelder Maurermeister Wiefel

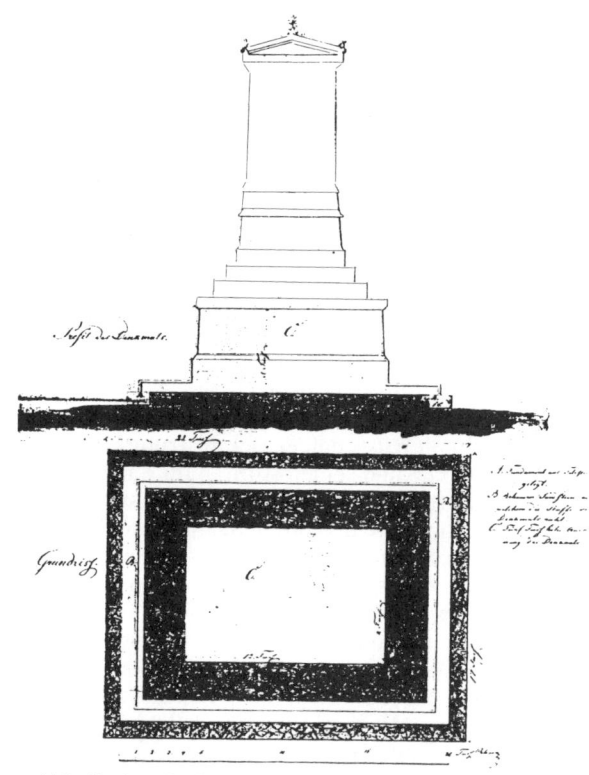

Abb. 9: Aus Berlin nach Saalfeld gesandte Zeichnung zur Veranschlagung des Denkmalfundaments und -sockels

„zu einem zweiten Denkmal" erstellt worden und belief sich auf 140 Taler 16 Groschen und 4 Pfennige. Demzufolge waren 468 Kubikfuß Grund 1¼ Fuß tief auszugraben und 18 Ruten Steine anzuschaffen. Das Fundament sollte 22 Fuß lang, 17 Fuß breit und 2 Fuß tief angelegt werden, 1¼ Fuß in der Erde und ¾ Fuß darüber liegen., der Sockel zum Denkmal eine Länge von 12 Fuß, eine Breite von 8 Fuß und eine Höhe von 5 Fuß hoch. Die zur Anfertigung dieses Anschlags aus Berlin nach Saalfeld gesandte Zeichnung ist erhalten.[25] (Abb. 9)

Zum Erwerb des zur Aufstellung des Denkmals erforderlichen Grundstücks liegen nähere Informationen vor: Vom 13. August datiert das Protokoll des Saalfelder Justizamtes über den Verkauf eines 10 Quadratruten umfassenden Feldes von Johann Christoph Schleizer zu Wöhlsdorf an den Geheimen Hofrat Rose zu Saalfeld für 16 Taler und 16 Groschen, wobei der Wöhlsdorfer Schultheiß Johann Heinrich Bock von Amtswegen anwesend war.[26] Am 31. August ging eine entsprechende Mitteilung des Justiz- und Kammeramtes an die Landeregierung in Coburg. Demzufolge war von v. Szymborski „eine zum Guthe des Johann Christoph Schleizer zu Wöhlsdorf gehörige Feldspitze ausgemittelt, und der Herr Geheime Hofrat Rose alhier veranlaßt worden, als Käufer dieses Stückchen Feldes einzutreten."[27] Laut Herzogl. Reskript vom 18. September wurde der Verkauf genehmigt und die Kammer angewiesen, „daß wegen der besonderen Umstände des Falles so wenig Lehngebühren als andere Sporteln in Ansatz gebracht worden seyen."[28]

Enttäuschte Erwartungen im Herbst 1822

Gleich nach Eingang von v. Szymborskis Rapport leitete das Bergamt diesen am 29. August an Schinkel weiter und wies dabei besonders darauf hin, „daß zu diesen Denckmal noch immer die nöthige Inschrift mangelt und daß deshalb mit dem Abguß mehrerer Theile nicht fortgefahren werden könne, mithin der Termin der Ablieferung nicht wohl zu erfüllen seyn möchte, wenn solche nicht bald erfolgen solte." Gleichzeitig wurde die Gießerei aufgefordert „anzuzeigen, wie weit der Abguß des Denckmals ... gediehen ist und wann solches dort aufgestellt werden kann, zugleich auch anzuzeigen, wann die Figur zu diesem Denckmal von dem Professor Tiek abgeliefert werden wird." Am 7. September versicherte die Gießerei hierauf, „daß die Modelle zu dem Denkmal des Prinzen Louis Ferdinand von Preussen in Guß sind und im Laufe dieses Monats darin beendigt werden, wo denn das Denkmal mit ultimo October hier zusammengestellt seyn kann. Die Figur dazu, womit der Professor Tiek jetzt beschäftigt ist, hat derselbe uns in Zeit von 8 Tagen nach der darüber eingegangenen Erkundigung abzuliefern versprochen."

Das von Friedrich Tieck gefertigte Modell wurde rechtzeitig fertiggestellt und noch 1822 auf der Berliner Kunstausstellung gezeigt. So gediegen Tieck Schinkels Entwurf auch ausgeführt hat, muß doch sein schöpferischer Anteil an der Idee des Genius gering veranschlagt werden. Das Saalfelder Denkmal ist nur "insofern in die Reihe der Tieckschen Werke aufzunehmen, als er den von Schinkel sowohl für den architektonischen Aufbau als die Figur des Genius völlig durchgeführten Entwurf modelliert hat."[29] Viel intensiver als mit dem Louis-Ferdinand-Denkmal war Tieck zur selben Zeit mit einem eigenständigen Werk beschäftigt, - dem Denkmal des Generals von Köckeritz, das die Eisengießerei parallel zum Saalfelder Denkmal in Arbeit hatte und gemeinsam mit diesem Anfang Juni 1823 dem König bei dessen Besuch präsentierte. Bereits Ende August 1822 hatte man im Oberbergamt die Befürchtung geäußert, daß das Denkmal nicht bis zum 10. Oktober 1822 in Saalfeld aufgestellt sein würde. Anfang September war man in der Gießerei bereits auf einen Fertigstellungstermin in Berlin gegen Ende Oktober orientiert. Dies überrascht um so mehr, da allen Beteiligten von Anfang an klar gewesen sein muß, daß die Denkmalsweihe am 10. Oktober in Saalfeld stattfinden sollte. Der mit Justizrat Krause vereinbarte Zahlungsmodus hatte die Zahlung für die Ablieferung und Aufstellung des Denkmals in Saalfeld zum 30. August vorgesehen, also bewußt einen Spielraum bis zur geplanten Weihe gelassen. Mit der Äußerung der Gießerei vom 9. August setzte die Kommunikation zwischen Gießerei und Bergamt, Justizrat Krause, Oberbaurat Schinkel und Oberst v. Szymborski aus. Während die Kontakte zwischen Berlin und Coburg/Saalfeld ruhten, wandelten sich in Saalfeld Vertrauen und Vorfreude in Verunsicherung und schließlich in Enttäuschung. Der 10. Oktober 1822, Tag der geplanten Denkmalweihe, geriet in Saalfeld zur Peinlichkeit: Wie das Saalfelder Justizamt berichtete, „hatten sich nicht nur von den benachbarten, sondern auch von entfernten Orten, Erffurt, Weimar, Sonneberg, Culmbach pp Reisende hier eingefunden, in der Meinung, daß an diesem Tag das Monument aufgerichtet werde."[30] Vier Tage später informierte das Saalfelder Justizamt v. Szymborski in Coburg, vermutlich auf dessen Anfrage: „Bis zum heutigen Tag ist keine Nachricht, das erwartete Monument betr., eingegangen. In dem Augenblicke, wo diese, oder, was immer möglich, die Eisenplatten selbst hier eintreffen", werde man v. Szymborski benachrichtigen. Wegen der Rasenbelegung hatte das Justizamt Hofgärtner Möckel bemüht, der geäußert hatte, daß der an den Trifträndern befindliche Grasboden nichts tauge und er die Gestaltung der Anlage erst nach Aufstellung des Denkmals für sinnvoll halte.[31] Erst am 13. November wurde der Kontakt nach Berlin wieder hergestellt, bezeichnenderweise durch einen von v. Szymborski aus Coburg an das Bergamt gerichteten Brief, dessen Inhalt für sich spricht und dessen Ton trotz aller Korrektheit Verärgerung erkennen läßt: „Nachdem ich durch die hochlöbl. Direction in Kenntniß gesezt wurde, daß die Gußarbeiten zu dem Denkmal des Prinzen Louis bei Saalfeld bestimmt zu Ende September von Berlin abgehen sollen, ... begab ich mich am 5 October von Neuen nach Saalfeld, nicht nur, um alle diese Arbeiten in augenschein zu nehmen, sondern auch in der sicheren Erwartung, daß bis dahin die Gußarbeiten dort eingetroffen seyn werden, und daß am 10. October, als am Sterbetag des Prinzen, das Monument aufgestellt und vollendet werden würde. Doch sind alle diese Erwartungen unerfüllt geblieben, und ich befinde mich bis heute ohne alle Antwort und Nachricht." Lakonisch bat v. Szymborski um Mitteilung, „ob noch vor Ausbruch des Winters die Gußsachen in Saalfeld eintreffen werden oder nicht, und was ich ferner zu thun und zu erwarten habe." Die im Bergamt hierauf am 23. November formulierte Antwort ist nur als Konzept vorhanden und so intensiv durchkorrigiert, daß man die Suche ihres Verfassers nach geeigneten und erklärenden Formulierungen förmlich spürt und den Inhalt nur von der Tendenz her erfassen kann. Man versicherte v. Szymborski, daß man seinen Rapport an Schinkel mit Hinweis auf die fehlende Inschrift weitergegeben habe. Schinkel hatte sich wohl (erst nach Anfrage im November 1822 ?) mündlich dahingehend geäußert, daß die Fürstin Radziwill das Denkmal in der Eisengießerei zu besichtigen gedenke und es im Frühjahr nach Saalfeld transportieren lassen wolle. Vermutlich glaubte man, v. Szymborski mit der Erwähnung der Fürstin Radziwill am ehesten beruhigen zu können. Immerhin war v. Szymborskis Anfrage für das Bergamt Grund genug, sich am 26. November bei der Gießerei zu erkundigen, „wenn das Denckmal ... complett aufgestellt sein wird." Die Gießerei äußerte sich hierzu erst nach zweieinhalb Monaten, am 15.2.1823: Das Denkmal sei bis auf die noch immer nicht beschlossene Inschrift vollendet.

Prinz August von Preußen interessiert sich für das Denkmal

Kurz darauf, am 24. Februar, beschäftigt sich erstaunlicherweise Prinz August von Preußen (1779-1843), der jüngere Bruder Louis Ferdinands, mit der Denkmalsangelegenheit. Ihn interessiert jedoch nicht der Grad der Fertigstellung oder der Text der Inschrift. Seine Anfrage an das Oberbergamt ist eine viel grundsätzlichere, die erkennen läßt, daß er von der Angelegenheit bisher nur flüchtig Kenntnis hatte. Er bat das Amt „um die Gefälligkeit Mich zu benachrichtigen, ob dasselbe im Besitz der Entwürfe und Zeichnungen zu dem Denkmal, welches Meinen verewigten Bruder Louis bei Saalfeld errichtet werden soll, ist; in diesem Falle würde Ich um gefällige Mittheilung derselben bitten. Außerdem wünsche ich zu wissen: ob seine Majestät der König die Ausführung und Errichtung des Denkmals befohlen haben, oder ob solches auf Veranlassung Meiner Schwester ausgeführt wird, ..." Noch am selben Tag erhielt Prinz August die gewünschte Zeichnung und die Auskunft, daß die Fürstin Radziwill durch Baurat Schinkel den Auftrag zum Denkmal erteilt habe. Am 5. März schickte er die ihm übersandte Zeichnung (Abb. 10) zurück.[32] Offensichtlich bestand zwischen den Geschwistern Louis Ferdinands - der Fürstin Radziwill in Posen und dem Prinzen August in Berlin - kein Austausch an Informationen in der Denkmalsangelegenheit. Der Unterton in Prinz Augusts Anfrage, wer das Denkmal veranlaßt habe, ist unschwer herauszulesen. Schließlich war die generell mißbilligende Haltung, die der König gegenüber der Persönlichkeit und dem Lebensstil Louis Ferdinands eingenommen hatte, allgemein bekannt. Seine unmittelbar nach dem Tod des Prinzen hierzu gegenüber Oberst von Winning gemachte Äußerung spricht für sich: „Hat wie ein toller Mensch gelebt, ist wie ein toller Mensch gestorben, die Scharte nur klein, muß aber ausgewetzt werden." Auch aus v. Szymborskis zusammenfassendem Bericht über seine Idee zum Denkmal und die Bemühungen zu dessen Finanzierung ist leicht herauszulesen, daß Friedrich Wilhelm III. der Errichtung eines Louis-Ferdinand-Denkmals wohl nur zugestimmt hatte, weil er das durch v. Szymborski aufgeworfene Projekt einer Subskription als für den Ruf seiner Dynastie schädlich empfand. Die unvermittelte Einmischung des Prinzen August in diese Sache kommt zu spontan, um einem selbständigen Interesse am Louis-Ferdinand-Denkmal entsprungen zu sein. Hatte man dem Prinzen Informationen über die verspäteten Fertigstellung des Denkmals und die nicht stattgefundene Weihe zukommen lassen? Interessanterweise weilte Oberst v. Szymborski in diesen Tagen in Berlin. Am 26. Februar besichtigte er in Begleitung Schinkels das Denkmal in der Eisengießerei. Assessor Krieger protokollierte am folgenden Tag diese Besichtigung in aller Kürze und vermerkte, daß der Text der Inschrift noch immer ungeklärt sei und die Entscheidung hierüber bei der Fürstin Radziwill als der Stifterin läge. Schinkel hatte bei diesem Termin

Abb. 10: Zeichnung zum Louis-Ferdinand-Denkmal, von der Kgl. Eisengießerei dem Prinzen August v. Preußen vorgelegt

angedeutet, daß der König das Denkmal mit hoher Wahrscheinlichkeit besichtigen werde. Auch Prinz August wünschte das Denkmal zu besichtigen, wie er die Eisengießerei am 17. März wissen ließ. Noch am gleichen Tag teilte die Gießerei dem Bergamt dies mit und bekannte sich dazu, das Denkmal ohne die noch immer fehlende Inschrift binnen vier Tagen aufstellen zu können.

Der König besichtigt das Denkmal: Probleme mit der Inschrift

Am 19. März kann Schinkel dem Bergamt berichten, „daß nun mehr die Inschrift für das Denkmal ... von Ihro Königl. Hoheit der Prinzessin Luise Radziwill bestimmt worden ist. Sie heißt wie folgt ...

```
HIER FIEL KÆMPFEND FVER SEIN VATERLAND
PRINZ LVD: FERD: V: PREVSSEN.
    AM X OCTOBER  MDCCCVI
```

Hierbei bemerke ich noch ergebenst.
1) daß die Buchstaben nach denen am Schauspielhause[33] geformt seyn müssen, jedoch mit angemessener Grösse,
2) daß die mittlere Reihe bedeutend grössere Buchstaben haben muß,
3) daß die Linien aus der Mitte des Monuments von beiden Seiten gleich weit entfernt aufhören müssen.
4) daß die Inschrift nicht an dem Joche unmittelbar unter dem Gesims, sondern an dem darunter liegenden angebracht werden muß, wie die beigefügte Skizze zeigt, wonach ein Steindruck gemacht worden ist. ... Es würde sicherer sein, wenn vorher eine genaue Zeichnung der Inschrift in Naturgröße aufgetragen werden könnte."
Nachdem am 15. April das Oberbergamt der Gießerei die Weisung zur baldigsten Aufstellung des Denkmals erteilt hatte, kam es am 6. Juni zum angekündigten Besuch des Königs in der Eisengießerei. Der darüber dem Bergamt zugestellte Bericht belegt, „daß Seine Majestät der König in Begleitung eines Adjudanten am 6ten d.M: zwischen 12 und 12¼ Uhr Mittags das hiesige Werk mit Höchstihrem Besuch zu beehren, und die beiden, dem Prinzen Louis Ferdinand von Preussen und dem General-Lieutenant von Köckeritz zu errichtenden Denkmale so wie das Producten Magazin in Hohen Augenschein zu nehmen geruhet haben. Seine Majestät äußerten Ihr Wohlgefallen über die gute Ausführung besonders der beiden Statüen, ..., bemerkten hiernach aber, daß die Inschrift des Prinzen Louis Ferdinandschen Denkmals nicht richtig sei, da der Prinz nicht Louis Ferdinand geheißen habe[34], welches wir zugleich gehorsamst mit der Anfrage begleitet anzeigen, ob wir nunmehr das Denkmal auseinandernehmen und nach Saalfeld, seinem Bestimmungsorte, transportieren lassen dürfen." Man verwies auf einen vom Oberberghauptmann Gerhard unterbreiteten Vorschlag, wonach der Transport bis Naumburg zu Wasser erfolgen könne.

Das Oberbergamt teilte am 8. Juli zunächst Schinkel die Beanstandung der Inschrift durch den König mit. Wie Schinkels Antwort vom folgenden Tag erkennen läßt, scheint er nicht die geringste Lust verspürt zu haben, auf den Änderungswunsch Friedrich Wilhelms III. einzugehen. Er befürwortet keine Änderung der in der bestehenden Form von der Fürstin Radziwill angeordneten Inschrift. Notfalls könne man „Ferdinand" in kleine Häkchen setzen und dadurch als Vatersnamen kennzeichnen. Schinkel schließt diesen kurzen Brief mit den fast schon beschwörend klingenden Worten: „... und der lang gewünschten Aufstellung trete denn nichts mehr in den Weg." Seitens des Bergamtes wandte man sich jedoch nach Schinkels Äußerung noch am 9. Juli an die Fürstin Radziwill, die am 17. Juni mit einem eigenhändig geschriebenen Brief aus Posen antwortete: „Ew. Hochwohlgeboren danke ich verbindlichst für die erhaltene Anzeige der Vollendung des dem Andenken meines Bruders gewidmeten Denkmals und gebe gern meine Einwilligung, daß die Inschrift desselben der Äußerung Sr. Majestät des Königs gemäß, verändert werden kann. Zugleich ersuche ich Sie, mit der Absendung so lange zu warten, bis der Herr Ober-Baurath Schinkel Ihnen meine weitern Bestimmungen wegen der Aufstellung mitgetheilt haben wird." Als Konsequenz dieses Bescheids ordnete das Bergamt am 22. Juli die Abnahme der Inschrift vom Denkmal an. Um die Neugestaltung der Inschrift möglicht unaufwendig zu halten, schlug die Gießerei vor, daß „der Name FERD: abgenommen wird, dagegen die drei Buchstaben an den abgekürzten Namen Ludwig, welche in WIG bestehen und ganz den Platz ausfüllen werden", angefügt werden sollten, wobei die übrigen Buchstaben stehenbleiben könnten. Am 12. August ordnete das Bergamt an, so zu verfahren.

Der Transport nach Saalfeld

Am 14. August 1823 wies das Bergamt die Auseinandernahme und Verpackung des Denkmals an und ersuchte die Gießerei, sinnvolle Transportmöglichkeiten zu ermitteln. Nach einer Erinnerung am 2. September ging am 3. September eine entsprechende Äußerung ein: Nur der Teil, an dem sich die Figur befindet, müßte verpackt werden. Ansonsten seien keine Verpackungen erforderlich. Der von Oberberghauptmann Gerhard ins Gespräch gebrachte Transport per Wasser bis Naumburg wurde einschließlich des folgenden Transports nach Saalfeld auf 21 Tage veranschlagt. Andrerseits hatte sich der Berliner Fuhrmann Hentze in Abstimmung mit einem „dort" befindlichen Fuhrmann erboten, in sieben Tagen einen Überlandtransport zu bewerkstelligen. Der Transport zu Wasser wurde verworfen. Nachdem Hentze am 9.9. sein Gebot herabgesetzt und um einen Vorschuß von 200 Talern gebeten hatte, erhielt er den Auftrag. Am 12. September konnte das Bergamt v. Szymborski mitteilen, daß der Transport in den ersten Tagen der kommenden Woche nach Saalfeld abgänge. Der Vertrag mit Hentze datiert vom 16. September, demselben Tag, an dem sich der 36 Kollis mit einem Gesamtgewicht von 235 Zentnern umfassende Transport nachmittags in Bewegung setzte. Für Lieferung binnen 8-12 Tagen wurden Hentze 470 Taler zugesagt. Er transportierte je 6 Platten zur untersten Stufe und zum 3. Aufsatz, je 4 Platten zur 2. und zur 4. Stufe, je einen ganzen Aufsatz zu den Stufen 5-11, wobei der Aufsatz der 7. Stufe „mit Schrift" und der der 9. Stufe „mit Figur" versehen war. Gesondert vermerkt werden 6 Verzierungen zum letzten Aufsatz, eine Kiste mit geschmiedeten Schrauben, eine mit Bohrspänen und Ton zum Kitt sowie eine mit zwei blechernen Büchsen, 25 Pfund grüne Ölfarbe beinhaltend, nebst etwas Kitt und 3 Pinseln.

Am 19. September schrieb v. Szymborski, der die Nachricht von dem Abgang des Transportes aus Berlin erhalten hatte, an das Bergamt: „Wenn nun dieses Denkmal, nach dem Wunsch Ihro Hoheit der Fürstin Radziwil, und des ganzen Publicums, bis zum 10 October vollständig aufgestellt seyn soll, so wird die Zeit fast zu kurz, um noch einen Sachverständigen von Berlin zu diesem Ende absenden zu können, auch glaube ich, daß wenn die einzelnen Stücke gehörig bezeichnet und numerirt sind, daß man mit der Aufstellung in Saalfeld schon zurechtkommen wird."

Die Ankunft des Transports in Saalfeld und die Aufstellung des Denkmals

Der Transport wurde in 13 bis 14 Tagen bewerkstelligt. Das Saalfeldische Wochenblatt vom 8.10.1823 berichtete über die Ankunft: „Zu dem Denkmal, welches dem am 10. October in dem Treffen bey Saalfeld gebliebenen Prinzen Louis Ferdinand von Preußen K.H. in der Nähe des eine Viertelstunde von der Stadt entfernten Dorfs Wölsdorf an der Stelle errichtet wird, wo der Prinz, den ihm angebotenen Pardon ausschlagend, rühmlich fiel, kamen die in der Königl. Eisengießerey zu Berlin gefertigten Platten und Aufsätze, welche zusammen 235 Centner wiegen, auf vier Wagen geladen, in voriger Woche bey Wölsdorf an, nemlich der erste Wagen am 29. v.M. und die drey übrigen Wagen am 1. d.M. Es wurden sofort die nöthigen Vorkehrungen zur Aufstellung des Monuments getroffen. Wegen der zur Handhabung und Behandlung so schwerer Massen herzustellenden Gerüste und mancher anderer Vorbereitungen erkannte man aber bald die Unmöglichkeit, daß die Aufstellung bis zum 10. d.M. vollendet seyn könne.

Die Aufstellung wird, nach der Versicherung der Werkmeister, bis zum 18ten dieses Monats vollendet seyn, und die feyerliche Enthüllung des Monuments wird Sonntag den 19. dieses Monats nach dem Schluß des vormittägigen Gottesdienstes, durch welchen in der Stadt Saalfeld zugleich das Siegesfest wegen der Schlacht bey Leipzig und das Erndtefest gefeyert wird, erfolgen.

Wer, dem ein deutsches Herz im Busen schlägt, sollte nicht an diesem Tage, wo das Fest einer gesegneten Erndte jegliches Gemüth erhebt, auch gerne an dem Denkmale eines tapfern Prinzen mit Dankbarkeit weilen, der für die Sache Deutschlands im rühmlichen Kampfe fiel."[35]

Fuhrmann Hentze führte eine in der Eisengießerei verfaßte „Kurze Anleitung zur Aufstellung des Prinz Louisschen Denkmals" mit sich: „Die Aufstellung beginnt mit der Vorderfronte, in der die Figur zu stehen kömmt, und geht bei jedem Aufsatz, der aus einzelnen Platten besteht, nach den inwendig gezeichneten römischen Zahlen, welche bei jedem Aufsatz mit No. I anfangen, rechts herumlaufend fort. Die Aufsätze, welche aus einem Stücke bestehen, sind ebenfalls innerhalb an der Vorderseite mit V bezeichnet. Die beiliegende Kiste No. II ist mit Eisenbohrspähnen und etwas Thon angefüllt, woraus ein Kitt mittelst eines Zusatzes von ord. Bier-Essig bereitet wird, womit die größeren Fugen von innerhalb sowohl als von außerhalb, wo es am nothwendigsten ist, verstrichen werden. Ein feiner Kitt, aus Fürniß und Bleiweiß zubereitet, befindet sich in der Kiste No. III, welcher zum Verstreichen der feineren Fugen gebraucht wird.

Zum nochmaligen Anstrich des Denkmals befinden sich in der Kiste No. III zwei verschloßene blecherne Büchsen mit 25 Pfund dicker grüner Ölfarbe, welche durch Leinölfürniß verdünnt werden muß, auch sind dabei die zum Anstrich nöthigen 3 Pinsel befindlich. Vor dem Anstrich dürfte noch zu beachten sein, daß das Denkmal mittelst scharfer Bürsten gesäubert und der etwa anhängende Kitt abgenomen werde, um einen möglichst reinen Grund zum Anstreichen zu haben."

Ein Attest des Saalfelder Magistrats vom 3. Oktober bestätigte der Eisengießerei die unversehrte Ankunft des Denkmals in Saalfeld. Am 13. Oktober teilte die Eisengießerei dem Bergamt mit, daß beim Transport nach Saalfeld 12 Eckbänder von Schmiedeeisen zerbrochen seien, die der Saalfelder Magistrat jedoch ersetzen lassen wolle.

Die Weihe des Denkmals

„Programm zur Aufstellung des Denkmals bey Wöhlsdorf für den bei diesem Dorfe gefallenen Prinzen Ludwig Ferdinand von Preußen Königliche Hoheit.

Am 19. October 1825 um 9 Uhr vormittags versammelt sich das zur Parade bestimmte Commando, bestehend aus
- 1 Offizier
- 4 Grenadier-Unteroffizieren
- 2 Tambours
- 36 Grenadieren und der Militär-Hornmusik,

im Schloßhofe zu Saalfeld und marschiert um ½10 Uhr nach Wöhlsdorf, wo es eine Kette um das Denkmal nach der Anordnung des Obristen von Szymborski ziehen wird.

Um 11 Uhr wird das Denkmal auf ein gegebenes Zeichen schnell aufgedeckt, und der Obrist von Szymborski hält auf den Stufen desselben eine kurze auf diese Feyerlichkeit Bezug habende Rede.

Nach Beendigung derselben läßt der Offizier das Gewehr präsentieren, und die Hornmusik spielt einen Marsch, nach dessen Beendigung das Gewehr wieder geschultert wird.

Hierauf übergiebt der Obrist auf Befehl und im Namen des Landesherrn das Denkmal dem Schutz der Local-Behörden und deßen Bewachung gegen muthwillige Beschädigungen und Verunreinigungen mit Namen

und allerley Aufschriften der Vorübergehenden dem dazu commandirten Invaliden. Worauf die Hornmusik mehrere Partien und Märsche spielt.
Somit endet die Zeremonie. Das Parade-Commando marschiert nach Saalfeld zurück mit Zurücklaßung eines Unteroffiziers und 6 Grenadieren, welche einen Doppelposten bey dem Denkmal halten und nach dem Zapfenstreich erst dem übrigen Commando nach Saalfeld folgen."[36]

Die Weihe lief, wie das „Saalfeldische Wochenblatt" vom 22.10.1823 berichtet, wie geplant ab: „Sonntags den 19. October d.J., an welchem das Dankfest wegen des Sieges der Deutschen und ihrer Verbündeten in den Schlachten bey Leipzig am 16. 17. und 18. October 1813 und zugleich das Erndtefest gefeyert wurden, geschah nach dem Gottesdienst um 11 Uhr Mittags die feyerliche Enthüllung des Monuments, welches dem am 10. October 1806 in dem Treffen bey Saalfeld rühmlich gefallenen tapfern Prinzen Louis Ferdinand von Preußen, auf Veranlassung Seiner erhabenen Familie, bey dem Dorfe Wölsdorf an dem Platz errichtet worden ist, wo er heldenmüthig fiel. Nachdem, wie in einem vorhergegangenen dieser Blätter erwähnt worden ist, die in der Königl. Eisengießerey zu Berlin gegossenen Platten und Aufsätze zu diesem Monument in den letzten Tagen des vorigen und ersten Tagen dieses Monats hier angelangt waren, begann die Zusammenstellung der bedeutenden dieses Monument bildenden Massen, unter der Leitung des Hof- und Magistratsmaurermeisters Christian Andreas Wiefel, welcher auch das nöthige Mauerwerk besorgt hatte und des Magistrats-Zimmermeisters Gottfried Lämmerzahl, von diesem insbesondere mit Hinsicht auf die nothwendigen Gerüste, und unter Beyhülfe des Schmidtmeisters Rabold. Die Kitt- und Firniß-Arbeiten besorgte der Kunstmahler Kreuchauff, und die Planirung und Bepflanzung des Platzes geschah unter der Leitung des Herrn Stadt-Casse-Rendanten Siegmund Seyß. Am 18. October war das Ganze vollendet, die Gerüste waren abgebrochen und das Monument mit 8 Tafeln, von zusammengefügten mit grünen Tannenreisern durchflochtenen Latten bedeckt worden, so daß diese Hülle eine geschloßene 4seitige Pyramide bildete. Am 19. zwischen 10 und 11 Uhr hatte das von Coburg mit der Militair-Hornmusik hieher beorderte Militair-Commando, bestehend aus 1 Officier und 40 Grenadiers, nach der Anordnung des Herrn Geheimenraths und Obersten v. Szymborsky, eine Kette um das Denkmal gezogen. Um 11 ward das Denkmal, auf ein gegebenes Zeichen, schnell enthüllt und der Herr Geheime Rath und Oberst v. Szymborsky sprach auf der untersten Stufe desselben stehend eine kurze der Feyerlichkeit angemessene Rede. Das Grenadier-Commando machte die militärischen Honneurs, und feyerlich erscholl die Hornmusik durch das schöne Saalthal.
Der Herr Geheime Rath und Oberst v. Szymborsky übergab dann, im Namen und Auftrag des Landesherrn, durch eine Anrede, das Denkmal dem Schutz der Local-Behörde und dessen Bewachung gegen muthwillige Beschädigungen dem dazu commandirten Invaliden und der durch ihren Schultheißen repräsentierten Gemeinde Wölsdorf; worauf abermals die Hornmusik in mehreren Partien und Märschen bis gegen 1 Uhr ertönte, wo die Feyerlichkeit geschlossen ward, und das Militair-Commando nach der Stadt zurück marschirte, mit Zurücklassung von 1 Unterofficier und 6 Grenadiers, welche einen Doppel-Posten bey dem Denkmale hielten und erst Abends nach dem Zapfenstreich und nach Uebergabe der Bewachung an den Invaliden, dem Commando nach Saalfeld folgten. Der Tag wurde durch das herrlichste Wetter begünstigt. Eine grose Menschenmenge war aus der nahen und fernen Umgebung versammelt. Aber die größte Stille herrschte während der Feyerlichkeit selbst und fortwährend eine anständige Ruhe, obwohl, den ganzen Tag hindurch, die neben dem Monument vorbey führende Chaussee mit einer wogenden Masse von Fußgängern, Wagen und Chaisen bedeckt war. Eine zu dieser Feyerlichkeit im Druck erschienene Elegie ist von dem Archivdiaconus M. Oettel zu Saalfeld gedichtet."[37]

Im Saalfeldischen Wochenblatt vom 29.10.1823 erfolgte der Abdruck v. Szymborskis „Rede gehalten nach der Enthüllung des Monuments für den bey Saalfeld gefallenen Prinzen Louis Ferdinand von Preußen K. H.":

„Es giebt große Momente, ausgezeichnete Begebenheiten, die in dem reißenden Strome der Zeit als einzelne Wellen verschwinden, wenn kein Beobachter das Ausgezeichnete wahrnimmt, und daßelbe der Mit- und Nachwelt zur Nachahmung und Bewunderung überliefert.

Der an dieser Stelle zu früh für sein Vaterland, für seine Familie und Freunde gefallene Bruders Sohn Friedrichs des Großen, war ein ausgezeichneter Mann seiner Zeit, deßen hohen Geist in allen Theilen des Wißens unverkennbar war, mit herrlichen Naturgaben, mit vorzüglichen Talenten reichlich ausgestattet, an Tapferkeit ein Held, würdig seiner großen Ahnen. - Diese Tapferkeit war es auch, die ihn bestimmte, auf dieser unglücklichen Stelle den vielfach ihm angebotenen Pardon auszuschlagen und den Tod der Gefangenschaft vorzuziehen.

Doch schien, unter dem darauf eingetretenen Druck der Staats-Verhältnisse, das Andenken dieses Preußischen Helden zu verlöschen, und nur Freundeshand wagte es, durch das noch sichtbare kleine Denkmal die Stelle zu bezeichnen, worauf der Gefallne nach seinem Tode vom Feinde gebracht und entkleidet wurde, bis die erhabene Familie deßelben, beym Eintritt glücklicherer Zeiten, dieses Denkmal, seiner hohen Geburt, seines Ranges und seiner Talente würdig, aufrichten ließ, um so sein Andenken auch durch ein öffentliches Zeichen zu ehren und auf die Nachwelt zu bringen.

Der trauernde Genius dieses Denkmals, blickt mit uns wehmüthig nach seinen Waffen und nach dem kleinen Fleck der Erde, wo der Held, im ungleichen Kampf, sein Leben für sein Vaterland geendet hat, und unsere Wehmuth wird durch die Betrachtung gesteigert, daß es ihm nicht vergönnt war, die spätern Jahre zu erleben und Zeuge des alten Heldenmuths und der vermehrten Größe des Preußischen Volks zu seyn, wozu er gewiß wesentlich beygetragen haben würde.

Heil dem König! Es lebe und blühe die hohe Familie des Verewigten und die tapfere Preußische Armee! deren Gefühle nach der Aufstellung dieses schönen, ihrem geliebten Heerführer gewidmeten Denkmals, wenn auch mit schwacher Kraft auszudrücken, - mir vergönnt worden ist."[38]

Als erster der zur Bewachung und Pflege des Denkmals eingesetzten Invaliden wurde am 19. Oktober 1823 der Coburger Korporal Fuß in sein Amt eingeführt. Er nahm seinen Wohnsitz in Wöhlsdorf und empfing von der Königl. Regierungskasse Erfurt monatlich ein Gnadengehalt von 2 Talern und 25 Groschen.[39]

Die Rezeptionsgeschichte des Denkmals setzt ein

Die nun einsetzende Wirkung des Denkmals in den verschiedensten Bereichen der Öffentlichkeit ist ein Thema für sich. Nur drei der frühesten Beispiele seien hier erwähnt:

Ein um 1830 gedrucktes Musterbuch der Königl. Eisengießerei Berlin führt unter den neueren und beispielhaften Erzeugnissen auch das durch einen Stahlstich vorgestellte Louis-Ferdinand-Denkmal auf: „Abbildung des Denkmals, welches Ihro Königliche Hoheit die Prinzessin Radziwill, Ihrem in der Schlacht bei Saalfeld am 10. Oktober 1806 gebliebenen Bruder dem Prinzen Ludwig von Preussen Königliche Hoheit hat errichten lassen.

Das Denkmal ist nach Zeichnung des Ober-Bau-Directors Schinkel im Jahre 1823 in der Königl. Eisengießerei ausgeführt, und auf dem Schlachtfelde bei Saalfeld auf der Stelle, wo der Prinz fiel, errichtet. Die Gusswaaren wiegen, die feineren Verzierungen ungerechnet, 233 Centner und es kostet incl. 233 Thlr. für die Holz-Modelle 2582 Thlr. 23 Sgr. 8 Pf. Das Modell zum Genius ist der Eisengiesserei geliefert und durch den Professor Tieck gefertigt.

Abb. 11: Louis-Ferdinand-Denkmal, Lithographie von J.A. Gläser nach einer Zeichnung von „W. v. C.M.", 1830

Die Inschrift des Denkmals lautet: ‚Hier fiel kämpfend für sein Vaterland, Prinz Ludwig von Preussen am 10. Oktober 1806.'"[40]

Bald war das Denkmal aus Landschaftsbeschreibungen und Landeskunden der Saalfelder Region nicht mehr wegzudenken. „W.v.C.M.", Verfasser des 1830 in Erfurt gedruckten Buches „Der Thüringer Wald mit seinen nächsten Umgebungen", schildert, von Schwarza kommend, die Situation: „Nach etwa ¾ Stunden gelangt man zu dem dicht am Wege, bei dem Dorf Wölsdorf errichteten Denkmale des tapfern Prinzen Ludwig von Preussen, der hier beim Ausbruche des Krieges am 10. Oktober 1806 fiel. ... Das Denkmal ist ganz von Gußeisen und enthält die einfache Inschrift:

Hier fiel kämpfend für sein Vaterland
Prinz Ludwig von Preussen.

In einer Nische steht ein Genius, dessen Figur sehr schön gearbeitet ist. Das Denkmal, 235 Centner

Abb. 12: Louis-Ferdinand-Denkmal, Monogrammist J.T., Aquarell, um 1850 nach der Lithographie von Fleischmann/Gille

schwer, ist von der Schwester des Prinzen, der Fürstin Louise von Radziwill 1823 errichtet worden, und umher steht ein Halbkreis von hohen Pappeln. Die ganze Umgegend bildet eine höchst reizende Landschaft, und verdient von jedem fühlenden Menschen mit Rührung besucht zu werden; denn wer möchte sich nicht mit hoher Achtung des Mannes erinnern, der lieber in der Blüthe der Jahre fallen, als das Unglück seines Vaterlandes sehen wollte, und besonders sollte jeder Preuße seinen Tod um so mehr beklagen, als ein trauriges Schicksal dem Helden nicht vergönnte, die neu erstandene Höhe und Größe seines Vaterlandes zu erleben."[41] Der Beschreibung ist eine Lithographie des Verfassers ("sc. J.A. Gläser") beigegeben. (Abb. 11) Als K.H.W. Münnich 1848 sein Werk „Die malerischen Ufer der Saale" veröffentlichte, befand sich unter den 60 von Julius Fleischmann gezeichneten und von Ch. Gille lithographierten Ansichten auch eine des Denkmals. (Abb. 12) Münnichs Weg führt von Saalfeld nach Rudolstadt; folglich beschreibt er zuerst das kleine 1808 gesetzte Denkmal, dann das Denkmal von 1823: „Ganz in der Nähe, zwischen der Straße und dem Hohlwege, wo der Fußsteig rechts nach Rudolstadt abgeht, steht das große, schöne Denkmal des Prinzen Louis von Preußen, von bronzirtem Gußeisen, mit der Vorderseite nach Saalfeld gerichtet, woher die Franzosen aus dem Thüringerwalde gegen das preuß. sächs. Corps des Prinzen anrückten. Es ist ein antiker Leichenstein oder cippus, mit einer Nische, in welcher ein Genius mit gekreuzten Beinen steht, der sich an eine altarförmige Halbsäule lehnt, mit dem Ellbogen sich darauf stützt und mit dem Zeigefinger der Rechten gen Himmel zeigt, während er in der gesenkten Linken einen Lorbeerzweig hält und trauernd nach der Stelle blickt, wo der Prinz den Todesstreich empfing. Hinter dem Genius hängt oben an jener Säule eine zerbrochene, saitenlose Lyra (die genialen musikalischen Talente des Prinzen bezeichnend), und unten lehnt ein griechischer Schild, hinter welchem der Griff eines Schlachtschwertes hervorragt. Darunter steht die einfache Inschrift: ‚Hier fiel kämpfend für sein Vaterland Prinz Ludwig von Preussen, am X. Oct. MDCCCVI'."[42]

ANMERKUNGEN:

Zahlreiche nicht durch Anmerkungen nachgewiesene Zitate gehen auf Schriftstücke aus der im Geheimen Staatsarchiv Preußischer Kulturbesitz Berlin-Dahlem befindlichen Akte Rep. 112, Nr. 124 zurück. Da diese Akte nicht mit Seitenzahlen versehen ist, ergaben konkrete Nachweise keinen Sinn.

1 Max Georg Zimmermann, Carl Friedrich Schinkel - Kriegsdenkmäler aus Preußens großer Zeit, Berlin 1916, S. 8 ff.
2 Charlotte Steinbrucker, Carl Friedrich Schinkel - Ein Verzeichnis seiner Denkmalsentwürfe, Burg a.d. Wupper, o.J. (um 1930), S. 31-32, Nrn. 93-97
3 Alfred Knopf, Die Denkmale von Wöhlsdorf, in: Saalfelder Heimat, Oktober 1956, S. 116 ff.
4 Eva Schmidt, Der preußische Eisenkunstguß, Berlin 1981, S. 143 f.
5 Karl Friedrich Schinkel, 1781-1841, Berlin 1981, S. 100
6 Thür. Staatsarchiv Meiningen, Staatsministerium Inneres alt, Nr. 59/1, Bl. 3-4
7 Ebenda, Bl. 6
8 Ebenda, Bl. 7-Rs.
9 Das Blatt konnte 1995 vom Thür. Heimatmuseum Saalfeld beim Antiquariat Brumme/ Mainz erworben werden.
10 „1811", in: G. Werner, Die Geschichte der Stadt Saalfeld, Bd. 2, Saalfeld 1996 (im Druck)
11 Gemeint ist Friedrich Wilhelm von Mauvillon.
12 Thür. Staatsarchiv Meiningen, Amtsgericht Saalfeld, Nr. 39, 1. Anhang
13 Biographische Daten in: Ulrich Hess, Geheimer Rat und Kabinett in den ernestinischen Staaten Thüringens, Weimar 1962, S. 415, Nr. 157
14 Geheimes Staatsarchiv Preußischer Kulturbesitz Berlin-Dahlem, Rep. 112, Nr. 122, Bl. 41
15 Thür. Staatsarchiv Meiningen, Amtsgericht Saalfeld, Nr. 39, 1. Anhang, Bl. 2 Rs.
16 betr. Kreuzbergdenkmal, Entwurf 1818, Ausführung bis 1821; Die überlieferten Entwürfe Schinkels zum Louis-Ferdinand-Denkmal lassen kaum Vergleiche zu den Figuren des Kreuzbergdenkmals zu.
17 Steinbrucker, Nr. 93
18 Steinbrucker, Nr. 96
19 Steinbrucker, Nr. 94
20 Steinbrucker, Nr. 95
21 in: Geheimes Staatsarchiv Preußischer Kulturbesitz Berlin-Dahlem, Rep. 112, Nr. 122
22 Steinbrucker, Nr. 97
23 Zimmermann, S. 8
24 Bailleu, in: Allgemeine Deutsche Biographie, Bd. 27, Leipzig 1888, S. 155 f.
25 in: Geheimes Staatsarchiv Preußischer Kulturbesitz Berlin-Dahlem, Rep. 112, Nr. 122
26 Thür. Staatsarchiv Meiningen, Amtsgericht Saalfeld, Nr. 39, 1. Anhang, Bl. 3-4
27 Thür. Staatsarchiv Meiningen, Staatsministerium Inneres alt, Nr. 59/1, Bl. 8-9
28 Ebenda, Bl. 11
29 Edmund Hildebrandt, Friedrich Tieck, Leipzig 1906, S. 103
30 Thür. Staatsarchiv Meiningen, Amtsgericht Saalfeld, Nr. 39, 1. Anhang, Bl. 9-Rs.
31 Ebenda
32 In: Geheimes Staatsarchiv Preußischer Kulturbesitz Berlin-Dahlem, Rep. 112, Nr. 124
33 Der Verweis auf den am 10.2./26.5.1821 eröffneten Berliner Schauspielhaus verwendeten Schrifttyp lag nahe, da man im Vorjahr damit beschäftigt gewesen war.
34 Der Prinz hieß offiziell „Friedrich Ludwig Christian". Auf einem Zettel vermerkte sein Vater, Prinz Ferdinand v. Preußen, anläßlich der Taufe „Friedrich Louis Christian". Nach der Geburt des zweiten Sohns des Kronprinzen, der den Namen Ludwig erhielt, wurde der Sohn des Prinzen Ferdinand zur Vermeidung von Verwechslungen „Louis Ferdinand". Unter diesem Namen wurde der Prinz weithin bekannt. Der Einwand des Königs war also formal gerechtfertigt, ignorierte jedoch die tatsächlich gebrauchte Namensform.

35 Saalfeldisches Wochenblatt vom 8.10.1823 (Jahrgang 1823, S. 161)
36 Thür. Staatsarchiv Meiningen, Amtsgericht Saalfeld, Nr. 39, 1. Anhang, Bl. 10-Rs.
37 Saalfeldisches Wochenblatt vom 22.10.1823 (Jahrgang 1823, S. 169 f.); Der Druck von Oettels „Elegie" u.a. im Thür. Staatsarchiv Meiningen, Amtsgericht Saalfeld, Nr. 39, 1. Anhang, Bl. 13-16 Rs.; Neuabdruck in: „Saalfische", Beilage zur Neuen Saale Zeitung, Okt. 1996
38 Saalfeldisches Wochenblatt vom 29.10.1823 (Jahrgang 1823, S. 171 f.)
39 Über die Wächter des Denkmals bis 1831 informieren die Akten Thür. Staatsarchiv Meiningen, Staatsministerium Inners alt, Nr. 59/2, Bl. 1 ff. und Amtsgericht Saalfeld, Nr. 39, 1. Anhang, Bl. 18 ff.
40 Musterbuch der Kgl. Eisengießerei Berlin, um 1830 (Stadtmuseum Berlin, VII 80-1510^a w)
41 W. v. C.M., Der Thüringer Wald mit seinen Umgebungen, Erfurt 1830, Bl. 24 f. u. Abbildung vor dem Titel
42 K.H.W. Münnich, Die malerischen Ufer der Saale, Dresden 1848, S. 52 und Tafel XXV; Neuauflage Hof 1990, S. 69 f.

Autoren dieses Heftes:

Hendrik Bärnighausen, Dipl.-Kunsthistoriker, wiss. Mitarbeiter im Thür. Heimatmuseum Saalfeld, Münzplatz 5, 07318 Saalfeld

Andreas Teltow, Dipl.-Kunsthistoriker, wiss. Mitarbeiter im Stadtmuseum Berlin, Ephraim-Palais, Poststraße 16, 10178 Berlin

Abbildungsnachweise:

Titel, Abb. 4, 11, 12 und Karte als Beilage: Thür. Heimatmuseum Saalfeld, Foto: W. Streitberger

Abb. 1: G. Lindemann, Bochum

Abb. 2: Porträtarchiv Diepenbroick im Westfälischen Landesmuseum für Kunst und Kulturgeschichte Münster

Abb. 3: Staatsbibliothek München

Abb. 5, 6, 8: Staatl. Museen zu Berlin Preußischer Kulturbesitz, Kupferstichkabinett

Abb. 7, 9, 10 und Inschrift im Text: Geheimes Staatsarchiv Preußischer Kulturbesitz Berlin-Dahlem

Karte als Beilage:
Karte zu F.C.F. von Müffling, Bericht über das Gefecht bei Saalfeld am 10. Oktober 1806 (Dresden 1807) ➤